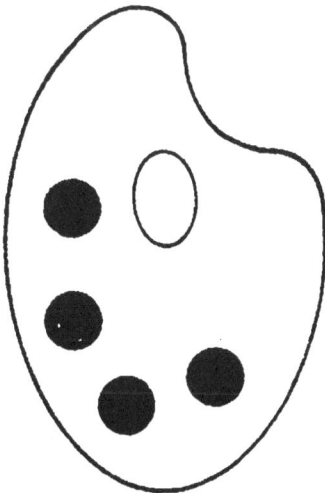

MOLIÈRE

—

TARTUFE

—

DEUXIÈME ÉDITION

PARIS

LIBRAIRIE CH. POUSSIELGUE

RUE CASSETTE, 15

—

1895

25683. — Tours, impr. Mame.

TARTUFE

ou

L'IMPOSTEUR

COMÉDIE DE MOLIÈRE

COMPOSÉE EN 1664

REPRÉSENTÉE POUR LA PREMIÈRE FOIS EN PUBLIC A PARIS LE 5 AOUT 1667

ET MISE DÉFINITIVEMENT SUR LA SCÈNE LE 5 FÉVRIER 1669

———

Age de Molière, 42 ans.

OUVRAGES DU MÊME AUTEUR

ALLIANCE DES MAISONS D'ÉDUCATION CHRÉTIENNE

MOLIÈRE

TARTUFE

OU

L'IMPOSTEUR

ÉDITION CLASSIQUE REVUE

AVEC NOTICES, ANALYSE, APPRÉCIATIONS ET NOTES

PAR

M. L'ABBÉ FIGUIÈRE

ANCIEN PROFESSEUR DE RHÉTORIQUE AU PETIT SÉMINAIRE DE N.-D. DE MENDE

DEUXIÈME ÉDITION

PARIS

LIBRAIRIE CH. POUSSIELGUE

RUE CASSETTE, 15

1895

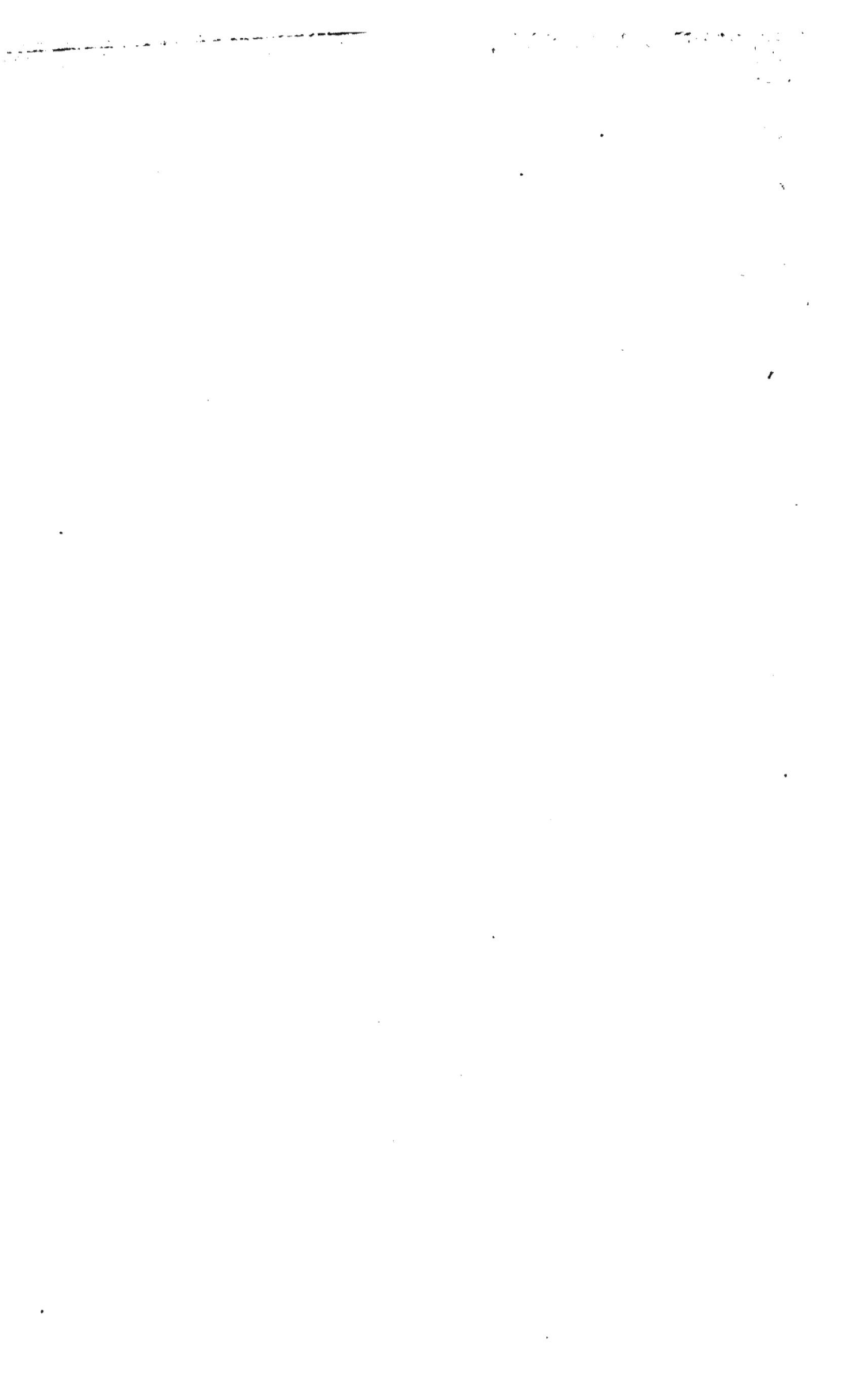

NOTICE BIOGRAPHIQUE ET LITTÉRAIRE

SUR MOLIÈRE

Jean-Baptiste POQUELIN, qui se donna lui-même plus tard le nom de MOLIÈRE, est né à Paris le 15 janvier 1622. Il était fils d'un marchand aisé qui exerçait la charge assez recherchée de tapissier valet de chambre du roi, et qui lui en destinait la succession; aussi ne reçut-il d'abord qu'une éducation fort ordinaire, et, à l'âge de quatorze ans, le jeune Poquelin ne savait qu'un peu lire, écrire et compter. Par ses instances, il obtint alors de ses parents de pouvoir faire ses études, et il fut envoyé comme externe chez les jésuites, au collège de Clermont (aujourd'hui lycée Louis-le-Grand); puis il philosopha quelque temps sous Gassendi, suivit une année ou deux un cours de droit canon, et se fit recevoir avocat.

Dès son enfance, il avait toujours eu un grand goût pour le théâtre. Aussi, à peine eut-il fini ses études, à vingt-trois ans, qu'il se fit comédien, s'enrôla avec quelques jeunes fils comme lui dans la troupe des Béjart, et alla mener avec eux, pendant treize ans, une vie de bohème à travers le midi de la France, composant et jouant des farces partout où il pouvait trouver un jeu de paume ou une grange. Deux de ces pièces ont été retrouvées, elles sont grossières.

En 1658, il revint à Paris avec sa troupe, rapportant deux comédies d'intrigue où se révèle son talent : l'Étourdi, représenté à Lyon en 1653, et le Dépit amoureux, joué à Béziers l'année suivante, et quelques bagatelles. Molière était à la fois chef de troupe, directeur de théâtre, auteur et acteur; car il jouait toujours le principal rôle. Son théâtre compte trente et une pièces, composées presque toutes en vingt ans. Ses principales dans la haute comédie de caractère sont : le Misanthrope, le Tartufe, l'Avare et les Femmes savantes; ce sont là ses quatre chefs-d'œuvre. Puis dans un rang secondaire viennent: *Amphytrion*, *l'Étourdi*, *les Fâcheux*, *l'École des maris* et *l'École des femmes*, deux comédies qui, en dépit de leur titre, ne renferment pas le moindre enseignement moral; et *les Précieuses ridicules*, première pièce de Molière après son retour à Paris. Toutes ces œuvres sont en vers, sauf cette dernière et *l'Avare*, qui sont écrites en prose. Enfin, les meilleures comédies d'un genre inférieur sont: *Pourceaugnac*, *le Bourgeois gentilhomme*, *la Comtesse d'Escarbagnas*, *le Médecin malgré lui* et *le Malade imaginaire*, toutes en prose. C'est à la quatrième représentation de cette dernière pièce que Molière fut pris d'un vomissement de sang en prononçant le *juro* de la réception du médecin qui termine la comédie. On l'emporta chez lui, à quelques pas du théâtre, et il mourut quelques instants après, le 17 février 1673, à l'âge de cinquante et un ans, assisté par deux sœurs de charité qui faisaient des quêtes à Paris, et qu'il avait logées dans sa maison. L'on a dit qu'il avait reçu la communion à Pâques l'année précédente.

Molière est le prince des poètes comiques. Observateur profond et pénétrant, il excelle dans la connaissance et la peinture des caractères; il en saisit sur le vif les vices et les travers, et les présente ensuite sous le côté le plus propre à les rendre ridicules. C'est un moqueur sans pareil. Mais son esprit d'observation pèche en un point: il ne porte que sur le défaut, sur le mal, sur le côté misérable, en un mot, de l'humanité; quant au bien, il le rencontre rarement; la correction des vices semble lui paraître impossible, et jamais, dans ses pièces, il ne montre un vicieux converti. Il ignore ou méconnaît ce que peut pour son perfectionnement, avec le secours de la grâce divine, la nature humaine restaurée par la Rédemption; il n'a pas vu ce qu'il y a de force et d'énergie au fond de l'âme « naturellement chrétienne », selon le mot de Tertullien. La belle leçon de morale que celle qui consiste à faire rire du mal sans jamais indiquer le moyen de le corriger, sans même insinuer que le mal soit corrigible ! Et pourtant c'est toute la morale de notre grand comique. Aussi ses dénouements sont-ils toujours tristes ou forcés, invraisemblables même. Ajoutons enfin que parfois encore, à force d'outrer les caractères, il les a faussés.

Comme écrivain, sa langue a un nerf, une clarté, une verve, une originalité qui lui assurent une place à part, avec Corneille et Bossuet, dans la littérature du XVIIe siècle. Nul n'a mieux que lui connu, saisi et développé le génie et la force de la langue française, n'a écrit avec plus de justesse, de précision, et, malgré des incorrections et des négligences, de propriété d'expression.

Pourquoi faut-il qu'une si haute littérature ne serve qu'à immortaliser des œuvres si peu morales, et que cet admirable théâtre devienne si souvent, comme le lui reproche Bossuet, une école de vices et de mauvaises mœurs? C'est que dans Molière l'homme est bien différent de l'écrivain et du poète. Or

> En vain l'esprit est plein d'une noble vigueur,
> Le vers se sent toujours des bassesses du cœur.

La vie de notre grand comique fut déplorable. De là le manque d'élévation morale et de délicatesse chrétienne dans toutes ses pièces; l'homme de bien est complètement absent de son théâtre, et ce parfum d'honnêteté que l'on respire dans les vers de Corneille, de Racine et de Boileau, on le chercherait en vain dans l'auteur du *Tartufe*. S'il a fait de très heureuses *critiques littéraires* et corrigé quelques *travers*, peut-on dire qu'il ait une seule fois travaillé à la *correction des mœurs*, ce qui doit être pourtant le but de l'art : *Castigat ridendo mores?*

On a dit et trop souvent répété, dans les livres destinés à la jeunesse, que Molière n'avait pour ennemis que les fourbes qu'il a démasqués. Les jeunes gens chrétiens doivent donc savoir que ces *fourbes intéressés* et ces *petits esprits* sans doute aussi, pour n'en citer que quatre, se nomment Bossuet, Bourdaloue, la Bruyère, Fénelon.

Bossuet a daigné réfuter lui-même quelques sophismes travaillés avec soin par Molière, *un Molière!* disait-il. Bourdaloue a cru devoir, du haut de la chaire chrétienne, prémunir la cour et la ville contre l'auteur du *Tartufe*. Il faut lire dans ce sermon, chef-d'œuvre sur l'*hypocrisie*, la manière dont le grave et éloquent prédicateur parle de Molière : « Comme la fausse dévo-
« tion tient en beaucoup de choses de la vraie..., dit-il,
« comme les dehors de l'une et de l'autre sont presque en tout
« semblables..., la même *raillerie* qui attaque l'une intéresse
« l'autre; les traits dont on peint celle-ci *défigurent* celle-là, à
« moins qu'on n'y apporte toutes les précautions d'une charité
« prudente, exacte et bien intentionnée, ce que le *libertinage*
« *n'est pas en disposition de faire*. Et voilà, chrétiens, ce qui
« est arrivé, lorsque *des esprits profanes et bien éloignés de*
« *vouloir entrer dans les intérêts de Dieu, ont entrepris de*
« *censurer l'hypocrisie*, non point pour en réformer l'abus, ce
« *qui n'est pas de leur ressort*, mais pour en *faire une espèce*

« de diversion dont le libertinage pût profiter, en concevant et
« faisant concevoir d'injustes soupçons de la vraie piété, par de
« malignes représentations de la fausse. Voilà ce qu'ils ont
« prétendu, exposant sur le théâtre et à la risée publique un
« hypocrite imaginaire, ou même, si vous voulez, un hypocrite
« réel, et tournant dans sa personne les choses les plus saintes
« en ridicule, la crainte des jugements de Dieu, l'horreur du
« péché, les pratiques les plus louables en elles-mêmes et les
« plus chrétiennes. Voilà ce qu'ils ont affecté, mettant dans la
« bouche de cet hypocrite des maximes de religion faiblement
« soutenues en même temps qu'ils les supposaient fortement
« attaquées, lui faisant blâmer les scandales du siècle d'une
« manière extravagante, le représentant consciencieux jusqu'à
« la délicatesse et au scrupule sur des points moins importants,
« où toutefois il le faut être, pendant qu'il se portait d'ailleurs
« aux crimes les plus énormes; le montrant sous un visage de
« pénitent qui ne servait qu'à couvrir ses infamies; lui don-
« nant, selon leur caprice, un caractère de piété la plus austère,
« ce semble, et la plus exemplaire, mais dans le fond la plus
« mercenaire et la plus lâche. — Damnables inventions pour
« humilier les gens de bien, pour les rendre tous suspects, pour
« leur ôter la liberté de se déclarer en faveur de la vertu, tan-
« dis que le vice et le libertinage triomphent [1]. »

Telle est l'opinion de Bourdaloue. Il sera peut-être curieux
de rapprocher de ces paroles du grave orateur le jugement
d'un homme qu'on ne soupçonnera pas d'un zèle excessif pour
la morale chrétienne : « On convient, dit J.-J. Rousseau, et on
« sentira chaque jour davantage que Molière est le plus par-
« fait auteur comique dont les ouvrages nous soient connus.
« Mais on ne peut disconvenir aussi que le théâtre de ce même
« Molière, dont je suis plus l'admirateur que personne, ne soit
« une école de vices et de mauvaises mœurs plus dangereuse
« que les livres mêmes où l'on fait profession de les ensei-
« gner!... Les honnêtes gens ne sont que des gens qui parlent;
« les vicieux sont des gens qui agissent et que les plus bril-
« lants succès favorisent le plus souvent... Il fait rire, il est vrai,
« et n'en devient que plus coupable, en forçant, par un charme
« invincible, les sages mêmes de se prêter à des railleries qui
« devraient attirer leur indignation. J'entends dire qu'il attaque
« les vices, mais je voudrais bien que l'on comparât ceux qu'il
« attaque avec ceux qu'il favorise... »

[1] BOURDALOUE, Sermon pour le VII° dim. après la Pentecôte, 1re part.

De nos jours Sainte-Beuve a caractérisé le genre de Molière en signalant dans ses œuvres l'absence du sentiment chrétien, si profond chez tous les hommes du XVII° siècle : « Molière, « dit-il, peint l'humanité comme s'il n'y avait pas eu de ve- « nue... Il la sépare d'avec Jésus-Christ, ou plutôt il nous « montre à fond l'une sans trop songer à rien autre. Il était « simplement de la religion, je ne veux pas dire de don Juan « ou d'Épicure, mais de Chrémès, dans Térence : *Homo sum.* « On lui a appliqué en un sens sérieux ce mot du *Tartufe :* « Un homme..., un homme enfin ! »

Cette observation du critique libre penseur est juste : Molière avec tout son génie n'est qu'un homme ; or cela ne suffit pas pour connaître vraiment l'humanité et pour sonder l'abîme du cœur humain, encore moins pour trouver remède à ses maux.

Enfin voici comment un célèbre polémiste, — le premier cri- tique littéraire, pensons-nous, comme le premier prosateur de notre temps, — après avoir étudié Molière au regard de la mo- rale chrétienne et de l'art, conclut cette savante étude, où il apprécie à sa juste valeur *l'homme de bien* tant vanté des libres penseurs, des libertins et des impies.

« Oui, maintenant je peux laisser dire que Molière n'a d'autres « ennemis que les fourbes qu'il a démasqués ; je peux passer « au pied de sa statue érigée sur nos places publiques ; je peux « entendre l'Académie française regretter qu'il manque à sa « gloire ; je peux souffrir que de vains et ridicules rhéteurs, « esclaves de la popularité du mal, entassent leurs phrases « farcies d'adjectifs pour faire un piédestal de courage à ce « *flatteur,* une couronne de franchise à ce *menteur,* une re- « nommée de vertu à ce *corrupteur.* J'ai dit ce que j'avais à « dire : *Liberavi animam meam.* Ceux qui sauront que j'ai « vécu, sauront que je n'ai pas fait partie du parterre qui ca- « nonise Scapin [1]. »

[1] Louis VEUILLOT, *Molière et Bourdaloue*, p. 269.

NOTICE SUR TARTUFE

« Toutes les fois que, pour une raison ou pour une autre, les libres penseurs ont pu ameuter l'opinion contre l'Église, aussitôt, à Paris et dans les provinces, le *Tartufe* reparaît. On le joue, on en fait des éditions populaires avec préface, éclaircissements et vignettes. Dans les derniers temps de Louis-Philippe, le *Tartufe* eut l'honneur d'être, avec le *Juif-Errant*, l'une des principales réponses de la philosophie officielle aux réclamations des catholiques contre le monopole de l'enseignement. Sous la Restauration, il était l'antidote des Missions. La partie *penseuse* de la bonne bourgeoisie s'entassait au théâtre pour écouter la satire des « dévots » et des « nobles » qui osaient suivre les prédicateurs. Là, les rentiers et les négociants libéraux, leurs commis, leurs filles, leurs épouses, troupe chaste, goûtaient les leçons de la vraie morale, — celle qui n'empêche point de vendre à faux poids[1]. »

Qu'est-ce donc que ce *Tartufe*, dont le seul nom semble une puissance du mal, et qui excite tant d'applaudissements d'une part, tant de récriminations de l'autre?

Puisque la jeunesse de nos Maisons chrétiennes est condamnée en ce moment à l'étudier, nous devons le lui dire. Nous le ferons simplement. Il lui sera, du reste, facile de juger elle-même; car des voix autorisées dans l'Eglise et dans les Lettres ont parlé, et la cause est depuis longtemps entendue.

Un misérable gueux, reçu par pitié dans une maison, arrive

---

[1] Louis Veuillot, *Mollère et Bourdaloue*, préface. — Nous emprunterons beaucoup dans cette notice, comme dans tout le reste, à l'éminent critique, parce que nous voulons, sur une œuvre aussi vivement controversée que le *Tartufe*, faire entendre des voix plus autorisées que la nôtre.

bientôt, grâce à la sottise incomparable du père, à y régner en maître absolu et à se faire donner la main de la fille, tandis que, d'ailleurs, il trompe indignement sa dupe en cherchant à lui soutirer à la fois l'or de sa caisse et le cœur de sa femme.

Voilà le fonds de *Tartufe*. L'aventure, certes, n'est ni bien neuve ni bien piquante. « Forcer la cassette d'Orgon et fasciner Elmire, dit M. Louis Veuillot, la belle affaire! Le monde est plein d'artistes qui font cela tous les jours sans eau bénite. Si le personnage était un médecin, un précepteur, un créateur de commandites, un *intime* quelconque, on ne supporterait pas l'invraisemblance et la monotonie de l'histoire [1]. »

Mais Tartufe se dit dévot et il grimace en effet, tant bien que mal, une pitoyable contrefaçon de dévotion quelconque; tout le sel de la comédie est là; c'est la cause de son éternel succès et de son invincible popularité.

Molière composa cette œuvre en 1664; les trois premiers actes furent représentés à Versailles, le 12 mai, devant Louis XIV, et, six mois après, la pièce, complètement terminée, était de nouveau jouée au Raincy devant le prince de Condé.

A cette date Molière avait quarante-deux ans; le poète était dans toute la force de son génie, mais l'homme n'était guère en état de s'ériger en moraliste et surtout en réformateur de la piété. Après une vie déplorable où la dévotion n'avait jamais eu rien à voir, et diverses liaisons avec l'une ou l'autre des comédiennes de sa troupe, il venait de se fixer, depuis deux ans, à une toute jeune fille élevée pour devenir aussi actrice dans son théâtre, et l'avait épousée. C'était Armande-Grésinde Béjart, fille d'une autre Béjart (Madeleine), avec laquelle il faisait principalement ménage depuis seize à dix-sept ans. Le fait parut dans le temps assez étrange; on accusa Molière d'avoir épousé sa propre fille, et ce n'est pas sans peine que le zèle de ses biographes parvient à le laver de cette suprême infamie. Quoi qu'il en soit, la Grésinde n'avait point d'état civil; mais, malgré les bruits divers qui couraient sur son compte, la délicatesse de notre réformateur n'en étant pas autrement incommodée, il était tout simple de lui en constituer un. Les Béjarts en vinrent à bout par un tour digne de Tartufe. On obtint de la vieille mère Béjart, femme d'une nature fort complaisante, dit le biographe Bazin [2], et âgée pour lors de

[1] Louis VEUILLOT, *Molière et Bourdaloue*, préface.

[2] Auteur de *Notes historiques sur la vie de Molière*, fort recom-

soixante ans, qu'elle se reconnût la mère de cette enfant, née
en 1645. Elle le fit, avec sa complaisance ordinaire, sans doute,
et « elle assura de la sorte, dit le même Bazin, à sa petite-fille
devenue sa fille un état légitime » qui lui permit aussi à elle-
même de présenter au père Poquelin, lequel devait assister
au mariage de son fils, « une bru dont il n'eût *pas trop* à
rougir. »

« L'alliance n'était pas brillante, conclut tranquillement le
biographe : elle n'élevait en rien la condition de Molière, elle
mettait *seulement* une femme de plus dans sa maison, où il
semble qu'il n'y en avait déjà *que trop* (en effet, Madeleine Béjart
et sa fille n'y commandaient pas toutes seules); mais, *ce qu'il
y a de meilleur pour un homme occupé, elle ne changeait pas
ses habitudes.* »

« L'apologie est bonne! répond M. Louis Veuillot. Ce mariage
plongeait Molière dans l'ignominie jusqu'au cou; mais il ne
changeait pas ses habitudes! »

Les suites furent dignes d'un si glorieux début; et l'on sait
de reste que le moqueur des maris jaloux et malheureux fut
lui-même aussi jaloux et malheureux que possible.

Nous sommes forcé, on le comprend, de donner ces détails;
car il faut bien mettre nos lecteurs à même d'apprécier dès le
principe cette honnêteté si vantée de Molière, sa délicatesse
d'âme, et, par suite, l'intérêt qu'il devait porter à la dévotion,
et le « zèle » dont il devait être animé pour sa réforme en la
purgeant de toute hypocrisie.

Voilà donc le tripot où est né *Tartufe*. Et l'on peut augurer
déjà ce que doit être un ouvrage entrepris sur un pareil sujet,
dans un tel milieu, et par un tel homme, quel que fût d'ailleurs
son incomparable génie de poète comique. Un chef-d'œuvre de
littérature, tant qu'on voudra, mais une œuvre fondée sur la
nature et le vrai, — qui seul est beau, — une œuvre saine,
morale surtout, et profitable à la religion, comme on ose bien
nous le dire, cela ne paraît guère possible.

La pièce, incomplète encore, fut donc représentée devant le
roi pendant les fêtes qu'il donnait à Versailles, et qui sont
connues sous le nom de *Plaisirs de l'Ile enchantée*. Louis XIV
commençait dès lors à s'abandonner à de scandaleux désordres,
et il en était à Mᵐᵉ de La Vallière. Il entrevit cependant le
dommage que ce spectacle pouvait porter à des principes que,

mandé des libres penseurs et libre pect de partialité contre le père de
penseur lui-même, partant peu sus- *Tartufe*.

tout en les transgressant, il respectait encore et comme homme et comme roi, et « il défendit cette comédie pour le public, jusqu'à ce qu'elle fût achevée et examinée par des gens capables d'en faire un juste discernement » ; toutefois il ajoutait que pour son compte il n'y trouvait « rien à redire ».

Cette première interdiction dura trois années entières; mais dès ce moment le *Tartufe* était devenu un événement du monde. Molière jeta les hauts cris, protestant de la pureté de ses intentions, et, pour se dédommager, il allait partout faire des lectures de sa comédie proscrite. On pense bien d'ailleurs qu'il ne manquait pas de partisans et de défenseurs dans cette cour livrée aux plaisirs, et qui trop souvent, à l'exemple du monarque, avait au cœur d'autres passions que l'amour de la belle littérature. Le *Tartufe* était pour les jeunes courtisans une vengeance contre les « dévots » du règne précédent et de l'ancienne cour qui les ennuyaient. Le roi lui-même, qui d'abord « n'y trouvait personnellement rien à dire », finit par se raviser à mesure qu'il échappait à l'influence de sa pieuse mère et de son précepteur, Hardouin de Péréfixe, alors archevêque de Paris; il trouva aussi sa part de profit dans *Tartufe*, et c'était, hélas! la part du lion. Écoutons Bazin, le biographe libre penseur:

« Il y avait alors un parti religieux, sévère, grondeur et *persécuté*, partant tout disposé à la censure des dérèglements joyeux de la cour. Le roi, *qui donnait en effet l'exemple du désordre*, ne pouvait que trouver bon qu'on se moquât aussi de cette cabale austère qui *l'importunait*, et il ne vit pas *certainement* autre chose dans *Tartufe* qu'une *plaisante représaille* contre la dévotion rigoureuse, chagrine, *sans complaisance pour les faiblesses*. La cour le prit ainsi et s'en égaya fort; mais la ville s'alarma. »

Disons-le tout de suite, la ville, qui s'était montrée si catholique au temps de la Ligue, était, depuis, restée toujours profondément religieuse; ce n'était point, il s'en faut, le Paris de nos jours. La ville chrétienne, c'est-à-dire, comme l'explique Bazin, « les magistrats, les bons bourgeois, les notables de paroisse » blâmaient donc justement ce que Versailles, pour les raisons qu'on a vues, applaudissait avec transport; et Molière se constituait ainsi contre elle le défenseur des plaisirs du roi. Il le faisait sans vergogne dans toutes les conditions du genre, dont la principale est de diffamer ceux que l'on attaque d'autant plus violemment qu'ils sont moins en état de se défendre. On verra bientôt, en effet, que, sous les traits

d'*Orante* et de *Daphné*, Molière livrait aux risées de la cour,
qui ne s'y trompait point, deux femmes courageuses, la duchesse de Navailles et M⁽ᵐᵉ⁾ de Soissons, qui avaient perdu
leurs charges pour s'être opposées, en ce qui les concernait,
à de certaines entreprises du roi, lesquelles, sans doute, aux
yeux du vertueux Poquelin, ne devaient être que fort inno-
centes.

On vante le courage déployé par Molière contre les puis-
sances de son siècle; en voilà un exemple.

« Louis XIV voulait donc, non pas uniquement par zèle
pour la belle littérature et les bonnes mœurs, que le *Tartufe*
fût représenté. Il lui plaisait que les censeurs de ses amuse-
ments parussent ridicules à Paris comme à Versailles. Mais,
ainsi que le dit Bazin, l'entreprise n'allait pas toute seule. La
représentation de *Tartufe* devint véritablement une affaire
d'État. Molière, se sentant soutenu, y déploya une activité,
une persévérance, une audace incroyables. Il ne s'ennuyait
point au jeu. Toutes ces difficultés pour arriver à la représentation, toutes ces inimitiés déclarées, bravées, aiguisées, mais
destinées à être vaincues, étaient autant d'éléments et de ga-
ranties du succès futur. En les combattant, Molière savait les
exploiter. Tout ce qui se fait d'ingénieux en ce genre dans notre
siècle de *réclames* reste bien loin de cette merveille du passé.

« La principale opposition venait des jansénistes. On sut les
désarmer et même les intéresser au triomphe de l'auteur en se
servant de leur passion contre les jésuites. Dans l'action il arrive un moment où le *professeur de dévotion outrée*, l'homme
dont Orgon suit avec une entière bonne foi les rudes maximes,
vient à employer, pour excuser et justifier sa passion, une doctrine plus commode, plus humaine, une doctrine corrompue
et corruptrice. Cette doctrine était précisément celle dont les
jansénistes accusaient les jésuites, leurs ennemis déclarés. On
leur fit entendre que tout l'objet de la comédie nouvelle était
là, et qu'en un mot « *Tartufe* continuait les *Provinciales*. »
Auprès des jésuites et de leurs amis, on disait qu'Orgon était
du parti; on se targuait d'une approbation donnée par le légat
du pape, devant qui la pièce avait été lue; on avait l'agrément
du roi, celui de M. le Prince, celui de la reine mère, et encore
celui de plusieurs prélats et personnes de piété. C'était un peu
assassiner les pauvres dévots avec un fer sacré; mais la bonne
morale n'a pas à rougir de ces peccadilles :

> Il est avec l'honneur des accommodements.

« L'auteur, comme nous l'avons dit, allait chez les courtisans réciter sa pièce proscrite par les hypocrites; quelquefois il allait aussi chez les courtisanes. Il y en eut une lecture célèbre chez Ninon. Les curés de Paris, avertis des beautés de l'ouvrage, s'alarmaient de plus en plus. L'un d'eux, prévoyant ce que pouvait oser l'auteur de *l'École des femmes* et du *Festin de Pierre*, cria publiquement au secours. Molière en profita pour solliciter la représentation, afin de démontrer son innocence, laissant le roi juge de ce qui lui serait dû pour sa réputation attaquée. Il n'y a point de meilleure scène dans la pièce: « Votre majesté juge bien elle-même combien il m'est fâcheux de me voir exposé tous les jours aux insultes de *ces messieurs;* quel tort me font dans le monde de telles *calomnies,* s'il faut qu'elles soient tolérées, et quel intérêt j'ai enfin à me purger de *cette imposture* et à faire voir au public que ma comédie *n'est rien moins que ce qu'on veut qu'elle soit.* Je ne dirai point, Sire, ce que j'aurais à demander pour ma réputation, et pour justifier à tout le monde l'innocence de mon ouvrage: les rois éclairés comme vous n'ont pas besoin qu'on leur marque ce qu'on souhaite; ils voient *comme Dieu* ce qu'il nous faut, et savent mieux que nous ce qu'ils nous doivent accorder. » (Ier placet [1].)

Finalement le « courage » de Molière devint de l'audace, et, le 5 août 1667, pendant que le roi était au camp devant Lille, il risqua sa pièce devant le public. Il s'appuyait sur une espèce d'autorisation verbale qu'il avait surprise à Louis XIV, à la condition que *Tartufe* s'appellerait *l'Imposteur.*

Ce jour-là, en effet, la comédie parut sous ce nouveau titre; Tartufe était devenu *M. Panulphe,* et le personnage paraissait déguisé sous l'ajustement d'un homme du monde, portant l'habit, un petit chapeau, de grands cheveux, une épée, et des dentelles partout. C'était une concession faite à la « cabale des dévots », dont la puissance fait extasier les commentateurs, comme Aimé Martin, devant l'intrépidité poqueline. Car, en 1664, Tartufe avait paru sous un costume qui se rapprochait le plus possible de celui des hommes d'Église. Toutefois, malgré la défense royale, la tradition ne devait pas s'en perdre; l'intention de Molière était trop clairement indiquée, et l'on devait bientôt revenir à ce *pieux* usage, qui s'est toujours soigneusement maintenu.

---

[1] Louis Veuillot, *Mol. et Bourd.,* p. 151.

Le lendemain, le premier président de Lamoignon, peu tou-
ché de la métamorphose de Tartufe en Panulphe, et chargé
de l'administration et de la police de la ville en l'absence du
roi, interdit la pièce au moment de la représentation « jusques
à nouvel ordre de Sa Majesté. » On a dit depuis que Molière
aurait à l'instant annoncé sa déconfiture aux spectateurs en ces
termes équivoques : « Nous ne jouerons pas ce soir le *Tartufe*,
parce que M. le premier président ne veut pas qu'on *le* joue. »
Ceux qui connaissent Molière ne croiront jamais qu'il ait parlé
d'une « puissance » telle que le premier président, dont personne d'ailleurs ne suspectait la franche et sincère dévotion,
ainsi qu'il l'aurait fait bravement d'une simple duchesse dis-
graciée et chassée de la cour. Son « courage » si vanté ne fut
jamais aveugle, et se laissa toujours guider par une prudence
des plus méticuleuses.

Quoi qu'il en soit, *l'Imposteur*, comme trois ans auparavant
le *Tartufe*, dut quitter de nouveau les planches, au grand
dommage de la dévotion, qui ne pouvait dès lors recevoir de
réforme. Ce fut en vain que Molière dépêcha au roi, sous les
murs de Lille, deux comédiens de sa troupe, porteurs d'un second *placet*, il lui fallut se résigner encore. Il fit alors écrire
pour le public, s'il ne l'écrivit lui-même, la *Lettre sur la comédie de* L'IMPOSTEUR, où il fait l'apologie de sa pièce, et surtout ne ménage guère les charges sur son admirable « vertu »
pour la purification des mœurs. Qu'on en juge par cet extrait
de la fin : « S'il faut estimer les remèdes d'autant plus que les
maladies sont incurables, vous m'avouerez que cette comédie
est une excellente chose à cet égard, puisque tous les autres
efforts qui se font contre la galanterie sont absolument vains.
En effet, les prédicateurs foudroient, les confesseurs exhortent,
les pasteurs menacent, les bonnes âmes gémissent, les parents,
les maris et les maîtres veillent sans cesse, et font des efforts
continuels, *aussi grands qu'inutiles*, pour brider l'impétuosité
du torrent d'impureté qui ravage la France ; et cependant c'est
être ridicule dans le monde que de ne s'y laisser pas entraîner
(c'est bien du moins ce que disent certaines pièces de Molière)...
Or pouvait-on combattre cette opinion perverse *plus fortement*
qu'en découvrant la turpitude naturelle de ces bas attachements,
et faisant voir par les *seules lumières de la nature*, *comme
dans cette comédie*, que non seulement cette passion est criminelle, injuste et déraisonnable, mais même qu'elle l'est extrê-
mement, puisque *c'est jusqu'à en paraître ridicule ?* Voilà

Monsieur, quels sont les dangereux effets qu'il y avait juste sujet d'appréhender que la représentation de l'*Imposteur* ne produisit. » — Et voilà aussi l'époux des demoiselles Béjart, l'auteur de *Sganarelle*, transformé en prédicateur de la pureté! *Risum teneatis, amici!*

Malheureusement pour cet apôtre incompris, l'archevêque ne vit pas plus que le président de Lamoignon ces enseignements de *Tartufe*, même laïcisé et doublé de la sagesse de Cléante; il lança une ordonnance épiscopale où on lisait: « Faisons très expresses inhibitions et défenses à toutes personnes de notre diocèse de représenter, lire, ou entendre réciter la susdite comédie, soit publiquement, soit en particulier, sous quelque nom et quelque prétexte que ce soit. »

Mais le *Tartufe* servait à la fois trop d'intérêts et flattait trop de passions coalisées; ce que Molière, par la bouche de son sage, appelle « le poids de la cabale », et dont il usait si bien, comme nous l'avons vu, était entre ses mains une arme trop puissante et trop habilement dirigée contre les résistances « dévotes » pour ne pas les écraser à la fin et en triompher tôt ou tard.

Aussi la lutte aboutit-elle à l'issue qu'attendait Molière et que l'on pouvait si facilement prévoir. L'interdiction fut enfin levée par Louis XIV, pour les belles raisons que l'on sait, et, malgré le Parlement et malgré l'archevêque, le 5 février 1669 vit « la grande résurrection de *Tartufe* », selon la triomphante expression de Molière. La pièce eut quarante-quatre représentations successives, et l'immense applaudissement retentit encore. « Molière ne voulut pas triompher avec modestie. On verra sa préface, où il raille et siffle impitoyablement ses vaincus, et leur dit pour son compte avec délices:

La maison est à moi, c'est à vous d'en sortir!

« Il eut encore soin de joindre à la pièce imprimée les *placets* par lesquels il avait sollicité et obtenu la faveur royale. Rien ne pouvait davantage envenimer la profonde blessure que recevait la religion. Le troisième placet surtout est d'une audace étonnante, et l'on ne s'explique pas que Louis XIV ait pu permettre une raillerie qui passe de si loin la mesure. Molière y sollicite du ton le plus dégagé un *canonical* de la chapelle royale de Vincennes pour le fils d'un médecin de ses amis: « Oserai-je encore demander cette grâce à Votre Majesté le propre jour de la résurrection de *Tartufe*, ressuscité par vos bontés? Je suis par cette première faveur réconcilié avec les

dévots, et je le serai par cette seconde avec les médecins. »
Certes il fallait que ce valet de chambre tapissier rendît de bien
tristes services au roi pour se permettre à son égard autant de
familiarité. Il s'était moqué des prudes, des dévotes, des maris
trompés, toutes gens que le roi n'aimait point, et que même il
était forcé de craindre. Mais

> Je puis vous dissiper ces craintes ridicules,
> O prince! et je sais l'art de lever les scrupules.

« Ayant su faire agréer toutes les flatteries, le comédien sentit
qu'il pouvait faire excuser toutes les audaces. Et, tandis que
les fidèles réclamaient contre son impiété peu dissimulée, il se
donna le plaisir d'installer publiquement dans la chapelle
royale un chanoine de sa façon. L'affront ne fut pas subi tout
à fait en silence. Un peu plus tard, une parole officielle du
clergé montra qu'il prévoyait les périls de l'avenir. En plein
règne de Louis le Grand, son époque, si glorieuse et si admirée, fut traitée de *lie des siècles*. On peut conjecturer que l'insolente faveur de Molière ne fut pas étrangère à ce cri d'épou-
vante, qui resta isolé et qui parut peut-être trop violent[1]. »

Cette histoire du *Tartufe*, non moins intéressante que l'œuvre elle-même, en fournit aussi d'avance le commentaire le
plus instructif. Le but de l'auteur s'y découvre à plein, et tant
de zèle déployé pour une œuvre que repoussaient les voix les
plus intéressées au bien de la religion, ne montre pas précisément cet autre « vrai zèle » qui

> . . . fait toujours ce que le Ciel prescrit,
> Et d'aucun autre soin ne se brouille l'esprit.

On a vu l'opinion de Bourdaloue; on verra ailleurs celle de
Bossuet et de la Bruyère. Massillon, à son tour, dans son célèbre sermon *sur l'injustice du monde,* disait « qu'un théâtre
profane avait eu tort de ne donner que du ridicule à un caractère abominable, si honteux et si affligeant pour l'Église, et
qui doit plutôt exciter les larmes et l'indignation que la risée
des fidèles. » Les reproches que Fénelon adresse à Molière sont
trop connus pour qu'il soit besoin de les répéter ici. Du reste,
ce qui caractérise mieux encore le *Tartufe* que tous les jugements des critiques, ce sont, avec l'usage qu'on en fait, les
applaudissements qui l'ont toujours et partout accueilli.

---

[1] *Mol. et Bourd.*, p. 155.

« Pour s'en convaincre, dit M. Louis Veuillot, il suffit d'assister à une représentation de cette pièce, non pas même devant un public ému des passions « anticléricales » et qui vient pieusement guerroyer contre les jésuites, mais en temps calme et quand les spectateurs ne songent qu'à prendre un amusement. J'en ai fait l'expérience.

« C'était un dimanche. L'assemblée, peu nombreuse, n'était point lettrée; les acteurs remplissaient froidement leur office. A part un vénérable ministre de la religion réformée, duquel j'avais l'avantage de me trouver voisin, je ne voyais véritablement pas que personne pût penser à mal. Les deux premiers actes passèrent avec langueur; la bouffonnerie du *pauvre homme* fit à peine sourire. On prit doucement la scène très peu tendre des deux amoureux, et l'on ne se dérida un peu qu'aux lazzis d'Orgon, cherchant l'occasion de souffleter Dorine. Mais quand Tartufe parut avec sa mine fleurie et son habit austère, il y eut comme une rumeur de haine; le parterre se sentit en présence de l'ennemi: il devint attentif et ne laissa passer en silence aucun des bons endroits, je veux dire aucun de ces vers enfiellés où les pensées et le langage même de la piété prennent la physionomie et deviennent l'expression de la plus noire scélératesse. L'ordre donné à Laurent, surtout l'empressement de Tartufe auprès d'Elmire, toutes ces charges excessives furent acceptées comme autant de traits observés sur nature et comme la figure même de la dévotion photographiée sur le fait. Le plaisir alla croissant jusqu'à la fin. L'ecclésiastique réformé n'était pas le dernier à manifester son allégresse; il donna plusieurs fois le signal des applaudissements. Il sentait bien, lui, par raison logique et philosophique, où portaient les coups de Molière. Du fond de sa stalle qu'il emplissait des luxueuses dimensions de sa personne admirablement nourrie, tenant à deux mains sa lorgnette braquée sur les « suaves merveilles » qui jouaient Mariane, Elmire et Dorine, n'ayant point de bréviaire à dire, point de prisonniers à visiter, point de haire sur le corps, point d'inquiétude dans l'esprit, point d'âmes à sauver, le pauvre homme! rien ne l'empêchait de savourer tant de lardons qui ne gênent ni n'atteignent son ministère, et qui vont tous à l'adresse des papistes. Je me rendais compte de ses applaudissements. Mais ce pesant public des dimanches, composé de demi-bourgeois, gens de petite rente et de petit négoce, dont aucun peut-être n'avait rencontré jamais ni vrai ni faux dévot, où ces gens-là

trouvaient-ils de quoi tant rire, et quelles figures de connaissance pouvaient leur représenter Tartufe, Orgon ou Cléante?
Assurément, s'ils ont été lésés comme époux ou comme capi-
talistes, cela ne s'est pas fait contre eux sous le manteau de la
piété. Les larrons dont ils se plaignent ne hantaient point les
églises, n'ont point surpris leur confiance par

l'ardeur dont au ciel ils poussaient leurs prières;

aucune religion n'a jamais été pour rien dans aucune des commandites où ils ont pu laisser un brin de leur toison! N'importe, Tartufe est leur ennemi. Ils ont lu, voilà le mystère.
Grâce à la complicité de toute la littérature et de tout l'art qui
se brassent pour eux, par l'effort combiné du journal, de la
chanson, du roman, de la caricature, Tartufe est devenu
un symbole. A leurs yeux, ce personnage quasi fantastique,
maintenant introuvable sous l'habit dont Molière l'a affu-
blé, et qui a complètement changé de style, de masque et
de peau, ce n'est pas l'imposteur, c'est le chrétien; c'est
l'homme qui croit en Dieu et qui prie; l'homme qui, s'étant
donné les règles sévères de la justice, a cessé d'être ou n'a jamais été des leurs, et qui par cela même les gêne. Il est fidèle
à sa femme, il va fidèlement à l'église, il fréquente son curé,
il paye ce qu'il achète et il vend ce qu'il faut payer: Tartufe!
Tartufe et demi, si la popularité lui vient et si l'on voit que
l'estime publique s'attache à lui! Comment ne serait-on pas
heureux de se venger d'un pareil homme? Qui n'aimerait à se
prouver que sa fatigante probité n'est que fard et grimace, et
son crédit le fruit de la fraude? Qui ne trouve, au fond du
cœur, un peu son compte à se persuader que ce croyant ne
croit pas, et que sa vie austère est le calcul d'une hypocrisie
raffinée ou l'erreur et le supplice d'une imbécillité parfaite?

« Tel est le genre de contentement que la comédie de Molière
procure à ces cœurs simples. C'est tout ce qu'il faut pour ruiner auprès d'eux, et souvent sans retour, tous les efforts de la
religion. Voilà pourquoi les impies, les incrédules, les sectaires
éclairés, sont plus chauds encore sur la haute moralité de cette
pièce que sur son mérite littéraire; tandis que les chrétiens,
qui devraient être les premiers à la célébrer, si véritablement
elle faisait justice de l'hypocrisie, la détestent comme une
odieuse diffamation et l'un des plus pervers déguisements de
cette hypocrisie même qu'elle prétend démasquer [1]. »

1 *Mol. et Bourd.*, p. 166.

PRÉFACE DE MOLIÈRE[1]

———

Voici une comédie dont on a fait beaucoup de bruit, et qui a été longtemps persécutée; et les gens qu'elle joue ont bien fait voir qu'ils étaient plus puissants en France que tous ceux que j'ai joués jusqu'ici. Les marquis, les précieuses et les médecins ont souffert doucement qu'on les ait représentés, et ils ont fait semblant de se divertir, avec tout le monde, des peintures que l'on a faites d'eux. Mais les hypocrites n'ont point entendu raillerie; ils se sont effarouchés[2] d'abord, et ont trouvé étrange que j'eusse la hardiesse de jouer leurs grimaces, et de

[1] Lorsque l'opposition qui éloignait *Tartufe* de la scène fut vaincue par cinq années d'ingénieuses manœuvres, Molière écrivit cette préface, où, sous prétexte de défendre la pureté de ses intentions, il raille et siffle impitoyablement ses adversaires, tout en faisant l'apologie de la comédie elle-même. En résumé, il prétend y établir que non seulement la comédie est en soi un divertissement très licite, mais encore qu'on le peut rendre très utile aux mœurs, et que son *Tartufe* en offre un exemple! — « Pour le talent comme pour la bonne foi, dit M. Louis Veuillot, c'est une page des *Provinciales*, dont elle est d'ailleurs une imitation, et c'est en même temps un portrait de l'auteur, plus ressemblant, quoique involontaire, que le fameux personnage de Cléante. Molière, soutenant qu'il a tout de bon voulu venger la dévotion véritable, ressemble à Pascal soutenant que les cinq propositions ne sont pas dans Jansénius, et s'appliquant à convaincre les jésuites de mensonge au moyen de textes falsifiés. Aujourd'hui que la vérité est connue par tant de démonstrations et par tant d'aveux pleins de l'orgueil cynique du triomphe, ces adresses paraissent puériles et font peu d'honneur à de si fiers esprits. Mais, on le sait, Molière là-dessus n'était pas exigeant envers lui-même et pratiquait largement la morale comique. Il tenait bien plus à bafouer ses adversaires défaits qu'à leur justifier ses prétendues pures intentions, dont la sincérité aurait étrangement dégonflé son orgueil. »

[2] *Effarouchés* au sens étymologique du mot, ils sont devenus *farouches :*

Et ceux que vos rigueurs ne font qu'*effarou-
cher,*
Peut-être à vos bontés se laisseraient toucher.

(CORN., *Cinna.*)

vouloir décrier un métier dont tant d'honnêtes gens se mêlent[1]. C'est un crime qu'ils ne sauraient me pardonner; et ils se sont tous armés contre ma comédie avec une fureur épouvantable. Ils n'ont eu garde de l'attaquer par le côté qui les a blessés, ils sont trop politiques pour cela, et savent trop bien vivre pour découvrir le fond de leur âme. Suivant leur louable coutume, ils ont couvert leurs intérêts de la cause de Dieu; et le *Tartufe*, dans leur bouche, est une pièce qui offense la piété[2]; elle est, d'un bout à l'autre, pleine d'abominations, et l'on n'y trouve rien qui ne mérite le feu : toutes les syllabes en sont impies, les gestes mêmes y sont criminels, et le moindre coup d'œil, le moindre branlement de tête, le moindre pas à droite ou à gauche, y cache des mystères qu'ils trouvent moyen d'expliquer à mon désavantage. J'ai eu beau la soumettre aux lumières de mes amis et à la censure de tout le monde: les corrections que j'y ai pu faire; le jugement du roi et de la reine, qui l'ont vue; l'approbation des grands princes et de messieurs les ministres, qui l'ont honorée publiquement de leur présence; le témoignage des gens de bien, qui l'ont trouvée profitable: tout cela n'a de rien servi. Ils n'en veulent point démordre, et tous les jours encore ils font crier en public des zélés indiscrets qui me disent des injures pieusement et me damnent par charité[3].

---

[1] Molière commence par crier à la persécution, et assure que les seuls adversaires de sa pièce sont les « hypocrites », qui s'y sont reconnus. Et Bossuet, qui prend la peine de réfuter cette impertinente préface dans ses *Maximes et réflexions sur la comédie*, et Bourdaloue, qui analysera et combattra directement en chaire le *Tartufe* dans son sermon sur l'hypocrisie, et la Bruyère, qui relèvera l'invraisemblance de ce caractère, comme nous le verrons plus tard, et Fénelon, et Lamoignon, et tant d'autres qui condamnèrent alors cette comédie, étaient-ils aussi des « hypocrites ? »

[2] Il sera facile de s'en convaincre.

[3] *Le pauvre homme !* Après avoir ainsi exagéré les plaintes de ses adversaires, il les écrase de la masse de ses partisans: le roi, la reine, etc.; même les gens de bien...

... il sait de traîtresse manière
Se faire un beau manteau de tout ce qu'on
révère !

— Pendant l'interdiction de sa pièce, Molière allait dans le monde en faire la lecture. Ainsi le fat qui invite Boileau à dîner se sert, pour l'engager, de cette raison:

Molière avec Tartufe y doit jouer son
rôle.   (BOIL, *Sat.* III.)

Or parmi ces « gens de bien » qui avaient vu le *Tartufe* et qui l'avaient trouvé « profitable », on cite la fameuse courtisane Ninon de Lenclos. Il y en eut chez elle une lecture célèbre, car Molière avait coutume de consulter cette créature « sur tout ce qu'il faisait ». C'est ce que rapporte le non moins fameux Châteauneuf, un autre encore de ces « gens de bien », amis du *Tartufe*. Et puis nous entendrons Cléante s'écrier:

Je me soucierais fort peu de tout ce qu'ils peuvent dire, n'é-
tait l'artifice qu'ils ont de me faire des ennemis que je respecte,
et de jeter dans leur parti de véritables gens de bien dont ils
préviennent la bonne foi, et qui, par la chaleur qu'ils ont pour
les intérêts du ciel, sont faciles à recevoir les impressions
qu'on veut leur donner. Voilà ce qui m'oblige à me défendre.
C'est aux vrais dévots que je veux partout me justifier sur la
conduite de ma comédie, et je les conjure de tout mon cœur de
ne point condamner les choses avant que de les voir, de se
défaire de toute prévention, et de ne point servir la passion de
ceux dont les grimaces les déshonorent [1].

Si l'on prend la peine d'examiner de bonne foi ma comédie,
on verra sans doute que mes intentions y sont partout inno-
centes, et qu'elle ne tend nullement à jouer les choses que l'on
doit révérer; que je l'ai traitée avec toutes les précautions que
me demandait la délicatesse de la matière; et que j'ai mis tout
l'art et tous les soins qu'il m'a été possible pour bien distinguer le personnage de l'hypocrite d'avec celui du vrai dévot.
J'ai employé pour cela deux actes entiers à préparer la venue
de mon scélérat. Il ne tient pas un seul moment l'auditeur en
balance: on le connaît d'abord aux marques que je lui donne;
et, d'un bout à l'autre, il ne dit pas un mot, il ne fait pas une
action qui ne peigne aux spectateurs le caractère d'un méchant
homme, et ne fasse éclater celui du véritable homme de bien
que je lui oppose [2].

Voilà mes gens!...
On les voit pour tout soin se mêler de bien
  vivre...
Voilà l'exemple enfin qu'il se faut proposer.

[1] Tous « les gens de bien » n'étaient
donc pas gagnés (nous en avons cité
quelques-uns); à ceux-là Molière
déclare qu'ils sont de franches dupes
dont les hypocrites savent « prévenir
la bonne foi ». Par égard pour eux il
daignera se défendre. En vérité, c'est
un fidèle enflammé d'estime pour la
vraie vertu! On l'accuse de diffamer
les dévots, il n'a songé qu'à les venger. Il en atteste son cœur ennemi
des détours!

[2] Vous nous payez ici d'excuses colorées,
  Et toutes vos raisons, Monsieur, sont trop
  tirées.
  Des intérêts du ciel pourquoi vous chargez-vous?...

« Franchement, est-ce que tout cela
paraît sincère! Est-ce que l'on n'y
trouve pas un peu de « ces faux clins
d'yeux et d'élans affectés »? Est-ce
que l'auteur du Tartufe ne fait pas
trop de protestations, n'a pas trop
la main sur la conscience, n'appelle
pas trop en témoignage les véritables
gens de bien? Quand la vraie dévotion lui demande, par tant de voix
respectées, à n'être pas sa cliente,
l'ardeur enragée qu'il met à la défendre paraît suspecte et même ridicule. Il se donne la physionomie de
ces gens qui prennent

  avec un zèle extrême
Les intérêts du ciel plus qu'il ne veut lui-
  même.

« Il n'emploie guère de raison ni
de sarcasme pour se justifier qui ne
rappelle quelque simagrée de Tar-

Je sais bien que, pour réponse, ces messieurs tâchent d'insinuer que ce n'est point au théâtre à parler de ces matières[1]; mais je leur demande, avec leur permission, sur quoi ils fondent cette belle maxime[2]. C'est une proposition qu'ils ne font que supposer, et qu'ils ne prouvent en aucune façon, et sans

tufe, ou qui ne chancelle sous un trait de Cléante. Il ne peut, dit-il, souffrir les gens qui couvrent leurs vices de l'intérêt du ciel. Néglige-t-il de s'en couvrir, lorsqu'on lui montre que sa pièce est moins une satire du vice qu'une raillerie et une parodie de la vertu? Est-il sensible à tant de plaintes qui éclatent de tous côtés, à tant d'alarmes qu'on lui fait voir? Conçoit-il le moindre scrupule d'avoir dessiné ce caractère d'Orgon, plus infamant pour la piété que celui même de Tartufe, puisque enfin, si Tartufe est un scélérat qui ne peut inspirer que de l'horreur, Orgon est un honnête homme et un dévot sincère qui ne peut inspirer que le mépris? Non! il veut « venger le ciel qu'on blesse », et le reste lui importe peu. On lui parle d'Orgon, il rompt l'entretien; « certain devoir pieux le demande là-haut. » D'ailleurs que lui veut-on? A Tartufe n'a-t-il pas pris soin d'opposer Cléante, le véritable homme de bien, Elmire, la véritable femme de bien, et encore Dorine, qui est certainement la véritable fille de bien? Les « zélés indiscrets » qui le tourmentent devraient s'estimer trop heureux. Dorine est leste, mais il faut rire; Elmire est téméraire, elle a d'étranges pratiques, mais c'est pour parvenir à la punition du crime; c'est par elle qu'une providence vengeresse se cache sous la table du quatrième acte. Cléante n'agit point dans la pièce, il se contente de réciter des sentences, mais quelles sentences! et comme elles vont bien au fait du personnage et de la comédie! Tandis que pendant cinq actes le spectateur a sous les yeux toutes les turpitudes du vice paré de dévotion et toutes les abjections de la sottise dévote, Cléante décrit les perfections d'une piété que l'on ne voit jamais et dont il ne pa-

rait pas lui-même se soucier de suivre les préceptes. Que font, en effet, Ariston, Alcidamas, Polydore et les autres? Rien, pas même des tirades.»
(Louis Veuillot.)

[1] Un de ces « messieurs » est Bourdaloue, qui avec toute l'autorité de son génie, de sa réputation et de sa vertu, a tonné en chaire contre le Tartufe: « Des esprits profanes et bien éloignés d'entrer dans les intérêts de Dieu, dit-il, ont entrepris de censurer l'hypocrisie, non point pour en réformer l'abus, ce qui n'est pas de leur ressort, mais pour en faire une espèce de divertion dont le libertinage pût profiter, etc. » (Voir ci-dessus, Notice sur Molière, p. 7.) — Mme de Sevigné écrivait au sujet du grave et pieux orateur: « Il frappe toujours comme un sourd, disant des vérités à bride abattue; sauve qui peut, il va toujours son chemin.» Molière doit en savoir quelque chose.

[2] Bourdaloue (loc. cit., Notice) en indique une raison: les conséquences désastreuses qui résultent pour la vraie dévotion du travestissement qu'on fait de la fausse, « car les traits dont on peint celle-ci défigurent celle-là, à moins qu'on n'y apporte, ajoute-t-il, toutes les précautions d'une charité prudente, exacte et bien intentionnée; ce que le libertinage n'est pas en disposition de faire. » — Un autre de ces messieurs, Bossuet, qui prétend aussi la même chose, remonte au principe, et dit: « Le théâtre n'a ni l'autorité, ni la dignité, ni l'efficace qu'il faut pour inspirer les vertus convenables à des chrétiens..., la touche en est trop légère, et il n'y a rien de moins sérieux, puisque l'homme y a fait à la fois un jeu de ses vices et un amusement de la vertu. »

ute il ne serait pas difficile de leur faire voir que la comédie,
ez les anciens, a pris son origine de la religion, et faisait
rtie de leurs mystères[1]; que les Espagnols, nos voisins, ne
lèbrent guère de fête où la comédie ne soit mêlée; et que,
ême parmi nous, elle doit sa naissance aux soins d'une con-
rie à qui appartient encore aujourd'hui l'hôtel de Bourgogne;
ue c'est un lieu qui fut donné pour y représenter les plus im-
rtants mystères de notre foi; qu'on en voit encore des comé-
es imprimées en lettres gothiques, sous le nom d'un docteur
Sorbonne, et, sans aller chercher si loin, que l'on a joué de
otre temps des pièces saintes de M. Corneille, qui ont été
dmiration de toute la France[2].

Si l'emploi de la comédie est de corriger les vices des hom-
es, je ne vois pas par quelle raison il y en aura de privilé-
és. Celui-ci est, dans l'État, d'une conséquence bien plus
ngereuse que tous les autres; et nous avons vu que le théâtre
une grande vertu pour la correction. Les plus beaux traits
une sérieuse morale sont moins puissants, le plus souvent,
e ceux de la satire; et rien ne reprend mieux la plupart des
mmes que la peinture de leurs défauts. C'est une grande
einte aux vices que de les exposer à la risée de tout le
onde. On souffre aisément des répréhensions, mais on ne

Belle raison au xviiᵉ siècle de chrétienne !

Quel rapprochement possible en-
les comédies de Molière, « pleines
mpiétés et d'infamies, » comme
Bossuet, et ces *mystères* où les
frères de la Passion représen-
at devant nos « dévots aïeux »
saints, la Vierge et Dieu par piété ?

uel rapport peut avoir le *Tar-*
e avec ces *miracles de Notre-*
me qu'on jouait dans l'Église ou
le cloître, qu'interrompait un
mon, que terminait une prière ?
représentations d'une foi sincère
naïve, nées, pour ainsi dire, à
bre des autels, étaient en quel-
sorte une dépendance du culte,
accessoire aux cérémonies sa-
s : « Supposez, dit M. Villemain,
assemblée attentive, ardente,
usement émue par le sujet seul

(*et telles étaient ces assemblées
chrétiennes*); ayez un poète surtout; qu'il vous montre la persécution et les douleurs du Fils de Dieu,
la trahison du faux disciple, les hé-
sitations de Pilate, ces prêtres et
ce peuple égaré...., toutes les tris-
tesses de la Passion, le reniement
de saint Pierre, les douleurs de la
Mère au pied de la croix: pouvait-il
exister une tragédie plus triste et
plus déchirante ? » ajoutons: et plus
propre à instruire le peuple, et à lui
inspirer l'amour de la vertu ?
— « Les pièces saintes de Corneille » auxquelles Molièr fait allusion sont *Polyeucte* et *Sainte Théo-*
dora, vierge et martyre; mais,
encore ici, *Polyeucte* et *Tartufe,*
Théodora et Dorine, c'est-à-dire, le
martyr et l'hypocrite scélérat, le
langage de la vierge et celui de la
forte en gueule, est-ce tout à fait la
même chose ?

souffre point la raillerie. On veut bien être méchant, mais on ne veut point être ridicule [1].

On me reproche d'avoir mis des termes de piété dans la bouche de mon imposteur. Eh! pouvais-je m'en empêcher pour bien représenter le caractère d'un hypocrite? Il suffit, ce me semble, que je fasse connaître les motifs criminels qui lui font dire les choses, et que j'en aie retranché les termes consacrés, dont on aurait eu peine à lui entendre faire un mauvais usage. — Mais il débite au quatrième acte une morale pernicieuse. — Mais cette morale est-elle quelque chose dont tout le monde n'eût les oreilles rebattues? Dit-elle rien de nouveau dans ma comédie? et peut-on craindre que des choses si généralement détestées fassent quelque impression dans les esprits; que je les rende dangereuses en les faisant monter sur le théâtre; qu'elles reçoivent quelque autorité de la bouche d'un scélérat? Il n'y a nulle apparence à cela; et l'on doit approuver la comédie du *Tartufe*, ou condamner généralement toutes les comédies [2].

[1] Une preuve des plus convaincantes de la « grande vertu » du théâtre pour la « correction », c'est la maison même de Molière et de ses demoiselles Béjart. Comme sa Grésinde fut bien corrigée par *Tartufe* de cette vie adultère qui faisait mourir de chagrin le moqueur des maris trompés! Et pourtant elle y jouait le rôle d'Elmire. Mais il est vrai que cela se faisait sans eau bénite et que la dévotion n'y fut jamais pour rien.

[2] Molière se dérobe. Le venin de la pièce n'est pas en ce que Tartufe a les pensées et les maximes d'un scélérat, mais en ce qu'il les revêt du fard de la dévotion. C'est par là que la malignité du spectateur est conduite à croire que tous ceux qui parlent le même langage ont dans l'âme les mêmes pensées, complotent les mêmes forfaits, sont enfin des Tartufes. « Comme la fausse dévotion tient en beaucoup de choses de la vraie, dit Bourdaloue; comme la fausse et la vraie ont je ne sais combien d'actions qui leur sont communes; comme les dehors de l'une et de l'autre sont presque tout semblables, il est non seulement aisé, mais d'une suite *presque nécessaire*, que la même raillerie qui attaque l'une intéresse l'autre, et que les traits dont on peint celle-ci défigurent celle-là. » (*Loc. cit.*) — Quant « aux termes de piété » que Molière prétend avoir eu le droit de mettre dans la bouche de son imposteur, Bourdaloue ne trouve pas non plus que ce soit un procédé très innocent que de « tourner dans la personne de cet hypocrite les choses les plus saintes en ridicule, la crainte des jugements de Dieu, l'horreur du péché, les pratiques les plus louables en elles-mêmes et les plus chrétiennes, » de mettre dans sa bouche « des maximes de religion faiblement soutenues » tandis qu'elles sont « fortement attaquées », de le représenter « conciencieux jusqu'à la délicatesse et au scrupule sur des points moins importants, *où toutefois il le faut lire*, pendant qu'il se porte d'ailleurs aux crimes les plus énormes, etc. Damnables inventions! s'écrie le grave et pieux orateur, damnables inventions pour humilier les gens de bien, les rendre *tous* suspects, pour leur ôter la liberté de se déclarer en faveur de la vertu,

C'est à quoi l'on s'attache furieusement depuis un temps : et jamais on ne s'était si fort déchaîné contre le théâtre. Je ne puis pas nier qu'il n'y ait eu des Pères de l'Église qui ont condamné la comédie; mais on ne peut pas me nier aussi qu'il n'y en ait eu quelques-uns qui l'ont traitée un peu plus doucement. Ainsi l'autorité dont on prétend appuyer la censure est détruite par ce partage [1]; et toute la conséquence qu'on peut tirer de cette diversité d'opinion en des esprits éclairés des mêmes lumières, c'est qu'ils ont pris la comédie différemment,

tandis que le vice et le libertinage triomphent. » (*Ibid.*)

[1] Selon divers besoins il est une science
D'étendre les liens de votre conscience.

Les commentateurs du *Tartufe* qui ont étudié la théologie dans les *Provinciales* ne manquent pas, dans leurs notes, de faire éclater la vertueuse indignation qui les anime contre cette doctrine du probabilisme que Molière, disent-ils, a voulu confondre à la suite de Pascal en la mettant dans la bouche de son imposteur. On voit toutefois par cet argument que leur patron ne néglige pas d'emprunter ici lui-même un principe à cette doctrine abhorrée. Malheureusement pour lui, ce partage des Pères n'existe pas, et Bossuet le démontre sans réplique dans ses *Maximes et réflexions*. — Quant au probabilisme que le vertueux Molière, doublé de sa Madeleine et de son Armande-Grésinde Béjart, a voulu persifler dans le *Tartufe*, au dire de « ces messieurs », nous accordons volontiers qu'il le fait avec le même talent et la même bonne foi sans doute encore, que le « calomniateur de génie », — comme Chateaubriand nomme si justement Pascal, — dans ses « menteuses » petites lettres. Mais puisque nous avons nommé avec eux le probabilisme, expliquons en un seul mot cette doctrine théologique, qui n'est autre chose que l'application des règles du simple bon sens à la morale.

« L'homme est libre : la loi du devoir ne peut enchaîner la liberté qu'autant que l'obligation est certaine. Une loi incertaine ou inconnue n'est pas une loi : elle n'enlève pas à l'homme le droit certain de la liberté de ses actes. Quand donc pour la conscience il y a doute prudent et fondé touchant l'existence de la loi ou du devoir; quand il se présente de graves motifs et de graves autorités qui sont de nature à persuader un homme sage, et qui tendent à établir que l'obligation n'existe pas, qu'elle est au moins douteuse et incertaine; alors il y a en faveur de la liberté ce qu'on nomme l'*opinion probable*. Ainsi, dans le doute, après un examen raisonnable, et dans ces conséquences éloignées et obscures de la loi première, où l'obligation n'est point suffisamment certaine et définie, l'homme est libre et n'est point lié par le précepte : ce précepte n'est pas loi; il est véritablement probable qu'il n'existe pas : la liberté dure encore et n'est point restreinte. Voilà le probabilisme sainement entendu. Il ne fait qu'énoncer un principe profondément philosophique et moral : c'est que toute loi certaine oblige, mais qu'une loi incertaine n'oblige pas. On pourra *conseiller* le plus parfait, le plus sûr, y *exhorter*, le choisir surtout pour soi-même : mais y *obliger toujours* les autres est une rigueur qui n'est écrite dans aucun de nos codes divins. Telle est l'opinion des théologiens du probabilisme. Ce que je viens d'en dire fera sentir peut-être que c'était là une question réellement sérieuse, et sur laquelle la frivolité des opinions mondaines n'a pas à se jouer. » (P. DE RAVIGNAN, *De l'Institut des jésuites*, ch. III.)

et que les uns l'ont considérée dans sa pureté, lorsque les autres l'ont regardée dans sa corruption, et confondue avec tous ces vilains spectacles qu'on a eu raison de nommer des spectacles de turpitude[1].

Et en effet, puisqu'on doit discourir des choses et non pas des mots, et que la plupart des contrariétés viennent de ne se pas entendre et d'envelopper dans un même mot des choses opposées, il ne faut qu'ôter le voile de l'équivoque, et regarder ce qu'est la comédie en soi, pour voir si elle est condamnable. On connaîtra sans doute que, n'étant autre chose qu'un poème ingénieux qui, par des leçons agréables, reprend les défauts des hommes, on ne saurait la censurer sans injustice. Et si nous voulons ouïr là-dessus le témoignage de l'antiquité, elle nous dira que ses plus célèbres philosophes ont donné des louanges à la comédie, eux qui faisaient profession d'une sagesse si austère, et qui criaient sans cesse après les vices de leur siècle[2]. Elle nous fera voir qu'Aristote a consacré des veilles au théâtre, et s'est donné le soin de réduire en préceptes l'art de faire des comédies[3]. Elle nous apprendra que de ses

---

[1] Les Pères de l'Église qui ont parlé de la comédie, l'ont considérée dans l'état où elle se trouvait de leur temps. Or l'on sait ce qu'était alors le théâtre romain, et l'on voit aussi par conséquent si les Pères pouvaient être partagés d'avis à ce sujet. Mais, à considérer le théâtre en lui-même comme le font saint Thomas et les autres théologiens, il est évident que ce n'est pas une chose mauvaise de soi, ni qui ait rien d'illicite. Si donc on en éloigne tout ce qui, dans les sujets ou dans la représentation, est mauvais ou dangereux, le théâtre, restant ainsi « dans sa pureté », devient un art et un délassement honnête, qui peut inspirer de nobles sentiments et donner d'excellentes leçons. Tels étaient les Mystères au moyen âge; tel est le théâtre dans nos Maisons d'éducation chrétienne, dans les Cercles catholiques d'ouvriers, etc. Mais on sait aussi que dans le monde, et surtout de nos jours, la « comédie » n'est pas tout à fait, hélas! de cette « pureté ».

[2] Il y aurait trop à dire sur la « sagesse si austère » des « philoso-phes », et heureusement le monde a vu d'autres législateurs. — Bossuet démontre que même ces philosophes n'étaient pas tous si zélés pour la comédie, et que le premier d'entre eux, Platon, la condamnait absolument. « Nous ne recevons, disait-il, ni la tragédie ni la comédie dans notre ville. » (De Repub., lib. II.) Et après avoir longuement exposé les motifs de cette interdiction, il concluait à rejeter tout ce genre « de poésie voluptueuse qui ne tend qu'à faire des hommes passionnés, et qui est capable seule de corrompre les plus gens de bien. » (Ibid.)

[3] « Quoique Aristote, son disciple (de Platon), aimât à le contredire, et qu'une philosophie plus accommodante lui ait fait attribuer à la tragédie une manière, qu'il n'explique pas (de Poet., VI), de purifier les passions en les excitant (du moins la pitié et la crainte), il ne laisse pas de trouver dans le théâtre quelque chose de si dangereux qu'il n'y admet point la jeunesse pour y voir ni les comédies ni même les tragédies. » (Bossuet, Maximes et réfl.)

plus grands hommes, et des premiers en dignité, ont fait gloire
d'en composer eux-mêmes; qu'il y en a eu d'autres qui n'ont
pas dédaigné de réciter en public celles qu'ils avaient composées; que la Grèce a fait pour cet art éclater son estime par les
prix glorieux et par les superbes théâtres dont elle a voulu
l'honorer; et que, dans Rome enfin, ce même art a reçu aussi
des honneurs extraordinaires; je ne dis pas dans Rome débauchée, et sous la licence des empereurs, mais dans Rome disci-
plinée, sous la sagesse des consuls, et dans les temps de la
vigueur de la vertu romaine.

J'avoue qu'il y a eu des temps où la comédie s'est corrompue.
Et qu'est-ce que dans le monde on ne corrompt point tous les
jours? Il n'y a chose si innocente où les hommes ne puissent
porter du crime; point d'art si salutaire dont ils ne soient capables de renverser les intentions; rien de si bon en soi qu'ils
ne puissent tourner à de mauvais usages. La médecine est un
art profitable, et chacun la révère comme une des plus excellentes choses que nous ayons; et cependant il y a eu des temps
où elle s'est rendue odieuse, et souvent on en a fait un art
d'empoisonner les hommes. La philosophie est un présent du
ciel; elle nous a été donnée pour porter nos esprits à la connaissance d'un Dieu par la contemplation des merveilles de la
nature; et pourtant on n'ignore pas que souvent on l'a détour-
née de son emploi, et qu'on l'a occupée publiquement à soutenir l'impiété. Les choses même les plus saintes ne sont point
à couvert de la corruption des hommes; et nous voyons des
scélérats qui, tous les jours, abusent de la piété, et la font servir méchamment aux crimes les plus grands. Mais on ne laisse
pas pour cela de faire les distinctions qu'il est besoin de faire.
On n'enveloppe point dans une fausse conséquence la bonté
des choses que l'on corrompt avec la malice des corrupteurs.
On sépare toujours le mauvais usage d'avec l'intention de l'art:
et, comme on ne s'avise point de défendre la médecine pour
avoir été bannie de Rome, ni la philosophie pour avoir été
condamnée publiquement dans Athènes, on ne doit point aussi
vouloir interdire la comédie pour avoir été censurée en de certains temps. Cette censure a eu ses raisons, qui ne subsistent
point ici[1]. Elle s'est renfermée dans ce qu'elle a pu voir; et nous

---

— On voit par ces indications combien est peu sérieuse cette apologie
de Molière, et surtout combien elle est
peu sincère; c'est un persiflage très

réussi, mais pas autre chose. Et cependant il faut voir l'admiration
qu'elle excite !
[1] Et voilà justement *pourquoi vo-*

ne devons point la tirer des bornes qu'elle s'est données, l'étendre plus loin qu'il ne faut, et lui faire embrasser l'innocent avec le coupable. La comédie qu'elle a eu dessein d'attaquer n'est point du tout la comédie que nous voulons défendre; il se faut bien garder de confondre celle-là avec celle-ci. Ce sont deux personnes de qui les mœurs sont tout à fait opposées. Elles n'ont aucun rapport l'une avec l'autre, que la ressemblance du nom; et ce serait une injustice épouvantable que de voir condamner Olympe, qui est femme de bien, parce qu'il y a eu une Olympe qui a été débauchée. De semblables arrêts, sans doute, feraient un grand désordre dans le monde; il n'y aurait rien par là qui ne fût condamné; et puisque l'on ne garde point cette rigueur à tant de choses dont on abuse tous les jours, on doit bien faire la même grâce à la comédie, et approuver les pièces de théâtre où l'on verra régner l'instruction et l'honnêteté [1].

---

tre fille n'est pas muette! — « Il faudra donc que nous passions pour honnêtes les impiétés et les infamies dont sont pleines les comédies de Molière, qui a expiré, pour ainsi dire, à nos yeux, et qui remplit encore à présent tous les théâtres des équivoques les plus grossières dont on ait jamais infecté les oreilles des chrétiens! » (BOSSUET, *Ibid.*) Et quelques lignes plus bas, il flétrit encore ces « pièces où la vertu et la piété sont toujours ridicules, la corruption toujours excusée et toujours plaisante, et la pudeur toujours offensée, ou toujours en crainte d'être violée par les derniers attentats, je veux dire par les expressions les plus impudentes, à qui l'on ne donne que les enveloppes les plus minces. » (*Ibid.*, III.) — Les raisons de la censure ne subsistent point ici !

[1] Par exemple, le *Tartufe*. — « Du moins donc, selon ces principes, il faudra bannir du milieu des chrétiens les prostitutions dont les comédies italiennes ont été remplies même de nos jours, et qu'on voit encore toutes crues dans les pièces de Molière : on réprouvera les discours où ce rigou-reux censeur des grands canons (a), ce grave réformateur des mines et des expressions de nos précieuses, étale cependant au plus grand jour les avantages d'une infâme tolérance dans les maris, et sollicite les femmes à de honteuses vengeances contre leurs jaloux. Il a fait voir à notre siècle le fruit qu'on peut espérer de la morale du théâtre qui n'attaque que le ridicule du monde, en lui laissant cependant toute sa corruption. La postérité saura peut-être la fin de ce poète-comédien, qui en jouant son *Malade imaginaire* reçut la dernière atteinte de la maladie dont il mourut peu d'heures après, et passa des plaisanteries du théâtre, parmi lesquelles il rendit presque le dernier soupir, au tribunal de celui qui dit : « Malheur à vous qui riez, car vous pleurerez. » Ceux qui ont laissé sur la terre de plus riches monuments n'en sont pas plus à couvert de la justice de Dieu: ni les beaux vers ni les beaux chants ne servent de rien devant lui; et il n'épargnera pas ceux qui, en quelque manière que ce soit, auront entretenu la convoitise. » (BOSSUET, *Ibid.*, V.)

(a) On se rappelle les « grands canons » de Clitandre dans le *Misanthrope* (act. II, scène 1) :

Sont-ce ses grands canons qui vous le font aimer?

Je sais qu'il y a des esprits dont la délicatesse ne peut souffrir aucune comédie, qui disent que les plus honnêtes sont les plus dangereuses; que les passions que l'on y dépeint sont d'autant plus touchantes qu'elles sont pleines de vertu, et que les âmes sont attendries par ces sortes de représentations [1]. Je ne vois pas quel grand crime c'est de s'attendrir à la vue d'une passion honnête; et c'est un haut étage de vertu que cette pleine insensibilité où ils veulent faire monter notre âme. Je doute qu'une si grande perfection soit dans les forces de la nature humaine; et je ne sais s'il n'est pas mieux de travailler à rectifier et à adoucir les passions des hommes, que de vouloir les retrancher entièrement [2]. J'avoue qu'il y a des lieux qu'il vaut mieux fréquenter que le théâtre; et si l'on veut blâmer toutes les choses qui ne regardent pas directement Dieu et notre salut [3], il est certain que la comédie en doit être, et je ne trouve point mauvais qu'elle soit condamnée avec le reste; mais, supposé, comme il est vrai, que les exercices de la piété souffrent des intervalles, et que les hommes aient besoin de divertissement, je soutiens qu'on ne leur en peut trouver un qui soit plus innocent que la comédie [4]. Je me suis étendu trop loin.

[1] Cette objection à laquelle Molière donne adroitement une apparence de frivolité, est la plus considérable de toutes. « J'ai vu cent fois Quinault, dit Bossuet, déplorer toutes ces fausses tendresses, toutes ces maximes d'amour, toutes ces trompeuses invitations à jouir du beau temps de la jeunesse qui retentissent partout dans ses opéras. » Racine regretta toujours d'avoir écrit *Bérénice* et *Phèdre*, Corneille traduisit l'*Imitation de Jésus-Christ* pour se délivrer du regret d'avoir donné tant d'aliment au théâtre, et cependant chez eux

—l'amour, de remords combattu,
Paraît une faiblesse et non une vertu.

La conclusion de leurs œuvres est donc toujours morale; mais, en attendant cette conclusion, il y a pour le cœur le danger qu'implique la peinture de ces faiblesses, ainsi que l'explique longuement Bossuet.

[2] Très bien; mais la question est précisément de savoir si le théâtre, en effet, rectifie et adoucit les passions, ou s'il les excite. Le théâtre

de Molière n'est guère fait pour amener cette première conclusion.

[3] *Omnia in gloriam Dei facite*, dit saint Paul. Or une distraction honnête peut « regarder directement Dieu et notre salut ». — Saint Louis de Gonzague, occupé à un jeu pendant une récréation, et interrogé sur ce qu'il ferait dans le cas où il devrait mourir à l'instant, répondit: « Je continuerais la partie. » — Mais voilà l'auteur du *Tartufe* pris d'un bien beau zèle pour les distractions des dévots!

[4] Belle conclusion et digne de l'exorde!

C'est dommage qu'elle ne soit pas mieux démontrée.

On le voit, Molière parle de la comédie en *théorie*, et « dans sa pureté », puis, sans répondre aux objections qui lui sont faites, il applique à lui-même et à son œuvre les conclusions qu'il lui plaît de tirer. La comédie en *elle-même* est chose excellente; donc, rien de plus innocent et de plus moral que *Tartufe*: telle est son argumentation.

Finissons par le mot d'un grand prince sur la comédie du *Tartufe*.

Huit jours après qu'elle eut été défendue, on représenta devant la cour une pièce intitulée *Scaramouche ermite*; et le roi, en sortant, dit au grand prince que je veux dire : « Je voudrais bien savoir pourquoi les gens qui se scandalisent si fort de la comédie de Molière ne disent rien de celle de *Scaramouche*. » A quoi le prince répondit : « La raison de cela, c'est que la comédie de *Scaramouche* joue le ciel et la religion, dont ces messieurs-là ne se soucient point; mais celle de Molière les joue eux-mêmes, c'est ce qu'ils ne peuvent souffrir [1]. »

---

[1] Molière, qui parlait tout à l'heure d'une comédie entièrement digne de censure, la dénonce directement ici. C'est la comédie italienne, dont il ne souffrait pas volontiers les hardiesses... et la concurrence. Voilà l'Olympe débauchée qui nuit très injustement à la vertueuse Olympe.

Il regarde cette délurée d'un œil sévère et lui crie comme *Tartufe:*

Mettez dans vos discours un peu de modestie.

Cette railleuse préface ne pouvait mieux finir.

ANALYSE DU TARTUFE

Le *Tartufe* est l'un des chefs-d'œuvre de Molière. Au point
de vue littéraire et dramatique, on s'accorde généralement à le
placer à la suite du *Misanthrope*, qui est le chef-d'œuvre du
genre. C'est une comédie de *caractère*.

Le sujet, au moins apparent, du *Tartufe*, est la satire de
l'hypocrisie; le but véritable, quoique non avoué, — désavoué
même pour la forme, si l'on veut, — c'est le décri de la dévotion, comme il est facile de s'en convaincre.

Et, en effet, sans répéter ici ce qui est dit ailleurs, on y voit
trop que sous prétexte d'immoler au ridicule la fausse dévotion, l'auteur attaque en même temps la vraie. Il y a bien sans
doute une scène consacrée à les distinguer l'une de l'autre;
mais jusque dans cette scène le poète découvre malgré lui ses
intentions, car toute la verve est dans l'attaque, tandis que la
défense reste faible. On sent, et c'est un admirateur zélé de
Molière qui s'exprime ainsi, on sent que ce qui est dit en faveur
de la vraie dévotion ne part pas du cœur. La modestie est
tournée en dérision par une soubrette; le langage de la dévotion, étrangement travesti, devient un jargon indécent, et cette
admirable doctrine qui subordonne à un objet divin toutes les
affections naturelles, est bafouée comme le code de l'égoïsme,
de la dureté, de l'insensibilité. Voilà pourquoi Bourdaloue ton-
nait si fortement en chaire contre cette comédie. Enfin, tandis
que d'un bout à l'autre de la pièce on voit la dévotion avec ses
pratiques et son langage traînée sur la claie par un odieux
scélérat, c'est en vain que l'on y cherche un personnage, type
de véritable piété, qui se montre comme l'antithèse et le cor-
rectif de tant d'imposture. Car ce sage Cléante que Molière

prétend opposer à Tartufe n'est en réalité qu'un philosophe
loquace, dont toute la dévotion consiste à débiter des sentences, lesquelles, pour la plupart, sentent encore le libre
penseur, — le libertin, comme on disait alors, — et prêchent
l'indifférence religieuse. Quant aux autres personnages prétendus dévots, ils sont bien faits exprès pour relever et recom-
mander la dévotion : un sot et une folle, Orgon et Mme Pernelle !

Tartufe, qui donne son nom à la pièce, est un gueux re-
cueilli par Orgon, qu'il a su éblouir par ses grimaces à l'église
et surtout

> Par l'ardeur dont au Ciel il poussait sa prière.

L'hypocrite règne bientôt en maître absolu dans la maison de
son bienfaiteur ; le bonhomme et sa vieille mère ne voient et ne
pensent que par lui ; mais Elmire, la femme d'Orgon, jeune et
brillante ; Damis, son fils, impétueux et étourdi ; Cléante, son
beau-frère, le sage que nous savons ; et surtout Dorine, la ser
vante « forte en gueule », ne plient pas sous le joug de l'intrus,
car ils sentent « que tout son fait n'est rien qu'hypocrisie ».
De là des contrastes et des situations qui mettent tour à tour en
lumière le caractère de l'imposteur. Le mariage de Mariane,
que son père Orgon avait d'abord promise à Valère, et que,
depuis, il veut donner à Tartufe, forme l'intrigue de la comédie.

Voici la disposition du plan.

ACTE Ier. — L'exposition, un chef-d'œuvre, est faite par
Mme Pernelle, qui s'en va de chez sa bru, où elle était en visite, « fort mal édifiée » de tout ce qu'elle y voit et entend. Aux
observations qu'on essaye en vain d'entreprendre, la vieille répond en donnant à chacun son paquet : c'est Dorine l'impertinente ; Damis le sot en trois lettres ; Mariane l'eau qui dort ;
Elmire la coquette ; Cléante le philosophe aux complaisantes
maximes, dont elle fait « sans le mâcher » le portrait peu flatteur. Cependant elle défend Tartufe et ses principes, de quoi
Dorine se venge en peignant de son côté le personnage ainsi
que les voisines qui blâment comme lui la conduite qu'on mène
au logis. La vieille part alors de colère, et tandis qu'on l'ac-
compagne, Cléante et Dorine s'amusent du ridicule engouement
d'Orgon pour son Tartufe, et sur ces entrefaites arrive Orgon
lui-même, revenant de voyage. Son premier soin est de s'infor-

mer aussitôt de Tartufe, sans s'inquiéter autrement d'une in-
disposition éprouvée par sa femme durant son absence; et,
tout entier à son affection pour le *pauvre homme*, il raconte à
son beau-frère la manière dont il en fit rencontre et célèbre ses
vertus. Cléante oppose alors à cette feinte piété de Tartufe le
portrait du « parfait dévot » selon Molière. Enfin, avant de laisser partir Orgon, que ces discours ennuient, il lui demande
des nouvelles de l'hymen de Mariane avec Valère; mais Orgon,
qui a d'autres projets en tête, refuse de répondre.

Acte II. — Orgon annonce à sa fille qu'il lui destine pour
époux... Tartufe. Dorine, venant au secours de Mariane, feint
d'abord de n'en rien croire, puis elle cherche à faire voir à ce
père aveuglé le ridicule et le danger d'une pareille alliance, et
ne cesse de cribler de ses plaisanteries toutes les démonstrations qu'il adresse à sa fille. Lorsque enfin, de guerre lasse,
Orgon s'est retiré, la suivante reproche à sa jeune maîtresse le
silence qu'elle garde vis-à-vis de son père dans une aussi grave
question, et lui fait une scène de raillerie désespérante. Survient alors Valère, qui prétend rire aussi de la nouvelle qu'il
vient d'apprendre; mais Mariane, piquée, répond à son tour
d'une manière piquante, et de là naît une de ces scènes que
Molière a, dit-on, traitées avec une prédilection spéciale: rup-
ture, explication et réconciliation entre les deux amants, qui
se donnent, en dédommagement réciproque, une fois de plus
leur parole.

Acte III. — Tartufe, dont on a jusqu'ici partout senti l'influence et l'action, mais sans le voir encore, paraît enfin, les
mots de « haire » et de « discipline » à la bouche. Dorine, qui l'attendait seulement pour le prévenir que Madame désirait lui parler, se retire et le laisse avec elle. L'hypocrite l'accueille avec
empressement, et bientôt, d'un ton dévotieux et précieux tout
ensemble, il lui fait une déclaration et une « offrande de son
cœur », que Damis entend d'un cabinet où il s'était préala-
blement retiré. L'indolente Elmire, dont la vertu, comme elle
dit, n'est point « diablesse », promet de garder le silence
sur cet entretien, si toutefois Tartufe s'engage de son côté à
presser l'hymen de Mariane avec Valère; mais l'impétueux Damis ne veut point perdre une aussi belle occasion de vengeance
contre Tartufe, et il l'accuse auprès de son père qui survient.
Orgon refuse de rien croire, et, qui plus est, ne pouvant forcer Damis à demander pardon à Tartufe, il chasse son fils de

sa maison en le maudissant; puis pour consoler le saint personnage et le dédommager de tant d'ennuis, il lui fait une
donation entière de tous ses biens, ce que l'imposteur accepte
avec une résignation des plus édifiantes.

Acte IV. — L'expulsion de Damis fait du bruit au dehors.
Cléante engage Tartufe à lui pardonner et à le rétablir dans les
bonnes grâces de son père, sinon à se retirer lui-même pour
rendre la place au fils de la maison; mais Tartufe ne peut s'y
résoudre, car l'intérêt du ciel ne saurait le souffrir. Cependant
Orgon arrive, apportant le contrat de mariage de Mariane avec
Tartufe. La jeune fille se jette en vain aux pieds de son père et
le conjure de ne pas la condamner à cet hymen odieux, le père
infatué nè veut rien entendre. Ce que voyant, Elmire accuse à
son tour Tartufe, et, ne pouvant convaincre son mari de la vérité de ses paroles, elle propose de lui faire voir de ses propres
yeux la scélératesse de l'hypocrite. Elle fait donc cacher son mari
sous la table; on appelle Tartufe, et de cette manière Orgon,
sans être vu, entend les propos de l'imposteur. Furieux alors,
il veut le chasser à l'instant de sa maison. Mais, lui répond
Tartufe,

　　　La maison est à moi, c'est à vous d'en sortir.

Et ce n'est pas le dernier ni le plus grand déboire d'Orgon;
certaine cassette qu'il avait en dépôt chez lui n'a-t-elle point
disparu?

Acte V. — La cassette manque en effet; elle renfermait des
papiers importants d'où dépendent la vie et les biens d'un ami.
Tartufe, qui l'avait reçue d'Orgon en dépôt, l'a emportée. Celui-
ci, dans sa fureur et son désespoir, voue à « tous les gens de bien
une effroyable haine », de quoi il est philosophiquement tancé par
le sage Cléante. Survient Damis, qui veut couper les oreilles à
Tartufe, et Mme Pernelle, qui n'en croit pas les siennes et fait
enrager son fils en refusant d'ajouter foi à tout ce qu'on lui
rapporte. Mais tandis qu'on se répand en regrets inutiles, un
huissier, M. Loyal, vient, d'un air de chattemite, sommer doucement Orgon de vider les lieux et de céder la place dès le lendemain matin « au bon M. Tartufe ». Pour comble de malheur,
le secret de la cassette a été livré au roi par le traître, et Orgon
est sur le point d'être arrêté comme complice d'un criminel
d'État. Valère lui amène son carrosse pour guider sa fuite;
mais il est trop tard. Tartufe, accompagné d'un exempt, l'arrête à la porte et le déclare prisonnier, lorsque enfin il est fait

prisonnier lui-même par l'exempt qui n'avait ordre de le suivre que pour l'arrêter au milieu de ses forfaits. Le roi, mis en éveil par tant de déloyauté, avait découvert dans le traître un criminel d'État que l'on cherchait en vain depuis longtemps; et, pour récompenser Orgon du zèle qu'il a autrefois témoigné dans son service, il lui pardonne le recel de la cassette, et annule de son autorité suprême la donation faite à Tartufe. Actions de grâces au roi, et, — pour finir la comédie, — mariage de Mariane avec Valère.

PERSONNAGES

Madame PERNELLE, mère d'Orgon.
ORGON, mari d'Elmire.
ELMIRE, femme d'Orgon.
DAMIS, fils d'Orgon.
MARIANE, fille d'Orgon.
VALÈRE, amant de Mariane.
CLÉANTE, beau-frère d'Orgon.
TARTUFE [1], faux dévot.
DORINE, suivante de Mariane.
Monsieur LOYAL, sergent.
UN EXEMPT.
FLIPOTE, servante de madame Pernelle.

La scène est à Paris, dans la maison d'Orgon.

---

[1] On a fait venir l'étymologie de ce mot de l'allemand *der Teufel*, qui signifie, le diable. Mais il est plus probable que c'est un mot de l'invention de Molière, qui aura ainsi voulu présenter, comme dit Sainte-Beuve, dans une onomatopée confuse, quelque chose en dessous et de fourré.

TARTUFE

COMÉDIE EN CINQ ACTES

ACTE PREMIER

SCÈNE I

Madame PERNELLE, ELMIRE, MARIANE, CLÉANTE, DAMIS, DORINE, FLIPOTE

MADAME PERNELLE

Allons, Flipote, allons; que d'eux je me délivre 1.

ELMIRE

Vous marchez d'un tel pas qu'on a peine à vous suivre.

MADAME PERNELLE

Laissez, ma bru, laissez; ne venez pas plus loin.

---

1 Cette exposition du *Tartufe* est célèbre. Voici ce qu'en dit La Harpe : « L'exposition vaut seule une pièce entière; c'est une espèce d'action. L'ouverture de la scène vous transporte sur-le-champ dans l'intérieur d'un ménage où la mauvaise humeur et le babil grondeur d'une vieille femme, la contrariété des avis, et la marche du dialogue, font ressortir naturellement tous les personnages que le spectateur doit connaître, sans que le poète ait l'air de les lui montrer. Le sot entêtement d'Orgon, les simagrées de dévotion et de zèle du faux dévot, le caractère tranquille et réservé d'Elmire, la fougue impétueuse de son fils Damis, la saine(?) philosophie de son frère Cléante, la gaîté caustique de Dorine, et la liberté familière que lui donne une longue habitude de dire son avis sur tout, la douceur timide de Mariane; tout ce que la suite de la pièce doit développer, tout, jusqu'à l'amour de Tartufe pour Elmire, est annoncé dans une scène qui est à la fois une exposition, un tableau, une situation. »

Ce sont toutes façons[1] dont je n'ai pas besoin.

ELMIRE

De ce que l'on vous doit envers vous l'on s'acquitte.
Mais, ma mère, d'où vient que vous sortez si vite?

MADAME PERNELLE

C'est que je ne puis voir tout ce ménage-ci[2],
Et que de me complaire on ne prend nul souci.
Oui, je sors de chez vous fort mal édifiée;
Dans toutes mes leçons j'y suis contrariée;
On n'y respecte rien, chacun y parle haut,
Et c'est tout justement la cour du roi Pétaud[3].

DORINE

Si...

MADAME PERNELLE

Vous êtes, ma mie[4], une fille suivante
Un peu trop forte en gueule[5], et fort impertinente :
Vous vous mêlez sur tout de dire votre avis.

DAMIS

Mais...

MADAME PERNELLE

Vous êtes un sot, en trois lettres[6], mon fils,
C'est moi qui vous le dis, qui suis votre grand'mère;

[1] *Toutes façons. Toutes*, au sens de *toute espèce de..., rien que...; tout cela n'est rien que façons...;* comme on dit : Ce sont *toutes* fables que vous contez là. Cette même signification de *tout* revient un peu plus bas :
Ces visites, ces bals, ces conversations
Sont du malin esprit *toutes* inventions.

— *Façons:* politesses cérémonieuses, grimaces :
A force de *façons* il assomme le monde.
(*Misant.* II, V.)
De cette acception est venu l'adjectif *façonnier*, qu'on retrouvera plus loin (sc. VI) :
De tous vos *façonniers* on n'est pas les esclaves.

[2] *Ménage*, conduite d'une maison; au figuré: sage manière de conduire, de faire les choses; d'où, par ironie, *désordre*.
La Fontaine dit de même à propos de l'aigle dont l'escarbot a brisé les œufs :
L'aigle étant de retour [et voyant ce *ménage*,
Remplit le ciel de cris...
(*Fab.*, II, VIII.)

[3] Locution proverbiale qui désigne un lieu de désordre, de confusion, où tout le monde est le maître. — On prétend que *Pétaud* était le nom que les mendiants donnaient à leur chef (*peto*, je demande); naturellement une pareille royauté devait être peu respectée, et de là serait venue cette locution.

[4] *Mie*, abréviation de *amie*, amenée sans doute par l'ancienne locution m'amie, t'amie, s'amie.

[5] Bavarde et insolente.

[6] Cf. Plaute :
.. Tun', trium litterarum homo,
Me vituperas? fur! etiam fur! trifurcifer!..
(*Aulul.*, act. II, sc. IV.)

Et j'ai prédit cent fois à mon fils, votre père,
Que vous preniez tout l'air d'un méchant garnement,
Et ne lui donneriez jamais que du tourment.

MARIANE

Je crois...

MADAME PERNELLE

     Mon Dieu! sa sœur, vous faites la discrète [1],
Et vous n'y touchez pas, tant vous semblez doucette!
Mais il n'est, comme on dit, pire eau que l'eau qui dort [2];
Et vous menez sous chape [3] un train que je hais fort.

ELMIRE

Mais, ma mère...

MADAME PERNELLE

     Ma bru, qu'il ne vous en déplaise;
Votre conduite, en tout, est tout à fait mauvaise;
Vous devriez leur mettre un bon exemple aux yeux [4],
Et leur défunte mère en usait [5] beaucoup mieux.
Vous êtes dépensière; et cet état me blesse,
Que vous alliez vêtue ainsi qu'une princesse.
Quiconque à son mari veut plaire seulement,
Ma bru, n'a pas besoin de tant d'ajustement.

CLÉANTE

Mais, Madame, après tout...

MADAME PERNELLE

     Pour vous, monsieur son frère,
Je vous estime fort, vous aime et vous révère;
Mais enfin, si j'étais de mon fils [6], son époux,

---

[1] *Discrète*, retenue dans ses paroles et dans ses actions (le discret étant comparé à celui qui se sépare, se met à part, — ce qui est la signification première du mot, du latin *discernere*).

[2] D'après M. ..era, c'est à Louis XIII que notre langue ..... redevable de ce proverbe.

[3] *Sous chape*, à la sourdine. On dit aujourd'hui *sous cape*. Anciennement la *chape*, ou la *cape*, était un ample manteau à capuchon. Mener un train sous *chape* ou sous *cape*, c'est cacher ses mauvaises actions, comme on cache sa tête

sous une *cape* (*caput*). On dit encore *rire sous cape, rendre sous cape*, etc.

[4] Aujourd'hui on dirait plutôt : *mettre sous les yeux*. Molière a plusieurs fois employé cette locution :

Je leur *mettais aux yeux* comme, dans notre temps,
Cette soif a gâté de fort honnêtes gens.   (*Misant.*, I, II.)

[5] *En user*, agir, se conduire de telle ou telle façon :

Et parce que *j'en use* avec honnêteté
Et ne veux le trahir, lui, ni la vérité.   (*Misant.*, V, I.)

[6] *Être de...*, être que de, être à

Je vous prierais bien fort de n'entrer point cnez nous.
Sans cesse vous prêchez des maximes de vivre
Qui par d'honnêtes gens ne se doivent point suivre[1].
Je vous parle un peu franc; mais c'est là mon humeur,
Et je ne mâche point ce que j'ai sur le cœur.

DAMIS

Votre[2] monsieur Tartufe est bien heureux sans doute...

MADAME PERNELLE

C'est un homme de bien, qu'il faut que l'on écoute;
Et je ne puis souffrir, sans me mettre en courroux,
De le voir quereller par un fou comme vous.

DAMIS

Quoi! je souffrirai, moi, qu'un cagot[3] de critique

la place de. Cette locution ne s'emploie qu'avec les conjonctions si ou quand :

Je ne souffrirais point, si j'étais que de vous,
Que jamais d'Henriette il pût être l'époux.
(Fem. sav., IV, II.)

— Dans cette locution, que et de sont explétifs, et il reste alors: si j'étais vous.

[1] Ne se doivent point suivre, ne doivent point être suivis par... Il faut remarquer cet emploi du verbe réfléchi avec la signification passive, si commun dans notre langue :

Et votre heureux larcin ne se peut plus celer.
(Athal., I, II.)
Leur courage renait, et leurs terreurs s'oublient.
(Le Cid, IV, III.)

Mais ici, il y a plus encore. Selon l'usage du XVIIe siècle, le verbe réfléchi employé de la sorte a, comme le verbe passif, un complément indirect que marque la préposition par :

Quelques restes de feu, sous la cendre épandus,
D'un souffle ha'etant par Baucis s'allumèrent. (LA FONT., Phil. et Bauc.)

— Il faut aussi remarquer dans ce vers la place qu'on donnait alors au pronom personnel dans cette sorte de construction où il est complément d'un infinitif dépendant d'un autre verbe; aujourd'hui nous le mettons de préférence immédiatement avant cet infinitif, tandis qu'on le mettait plutôt devant le premier verbe :

C'est peu d'aller au ciel, je vous y veux conduire.
(Polyeucte, IV, III.)
Soleil, je te viens voir pour la dernière fois.
(Phèdre, I, III.)

— On trouvera au cours de la pièce de nombreuses applications de ces remarques.

[2] Votre, expression de mépris :

Voici votre Mathan; je vous laisse avec lui.
(Athal., II, V.)
Mais au moins, dites-moi, Madame, par quel sort
Votre Clitandre a l'heur de vous plaire si fort?
(Misant., II, III.)

[3] Cagot, terme injurieux pour exprimer une dévotion affectée et provocante. On le fait venir de cagots (c'est-à-dire, canes Gothi, chiens de Goths), surnom injurieux donné par les habitants du pays à quelques Goths et Arabes qui, sous les derniers Mérovingiens, s'étaient réfugiés au pied des Pyrénées.

Vienne usurper céans[1] un pouvoir tyrannique,
Et que nous ne puissions à rien[2] nous divertir,
Si ce beau monsieur-là n'y daigne consentir?

DORINE

S'il le faut écouter et croire à ses maximes,
On ne peut faire rien qu'on ne fasse des crimes;
Car il contrôle tout, ce critique zélé.

MADAME PERNELLE

Et tout ce qu'il contrôle est fort bien contrôlé.
C'est au chemin du ciel qu'il prétend vous conduire;
Et mon fils à l'aimer vous devrait tous induire.

DAMIS

Non, voyez-vous, ma mère, il n'est père, ni rien,
Qui me puisse obliger à lui vouloir du bien :
Je trahirais mon cœur de parler d'autre sorte.
Sur ses façons de faire à tous coups je m'emporte :
J'en prévois une suite[3], et qu'avec ce pied-plat[4]
Il faudra que j'en vienne à quelque grand éclat[5].

---

[1] *Céans*, ici dedans, surtout en parlant de la maison où l'on se trouve (de *çà*, une des anciennes formes de *ça*, et de *ens*, dedans, *intus*). C'est un mot très ancien dans la langue et qu'on trouvera souvent employé dans la pièce. Le terme correspondant était *léans*, là dedans.

[2] *Rien*, au sens positif, *quelque chose, quoi que ce soit*. On le retrouvera dans cette scène et ailleurs avec la même signification :
Pourquoi consentiez-vous à *rien* prendre de lui?   (Act. V, sc. VII.)
C'est l'accusatif latin *rem*. — Voici une belle parole de saint Louis mourant qui montrera l'acception de ce terme dans l'ancienne langue: « Beau filz (Philippe le Hardi), la première chose que je t'enseigne et commande à garder, si est (c'est) que de tout ton cœur, et sur *toute rien*, tu aymes Dieu... »
(JOINVILLE, liv. II.)

[3] *Suite*, conséquence fâcheuse :
(Je crains) que cette chaleur qui sent vos premiers feux,
Ne pousse quelque *suite* indigne de tous deux.   (CORN., *Poly.* IV, v.)

[4] *Pied-plat*, et quelquefois *plat-pied*, homme qui ne mérite aucune considération; locution qui vient d'une différence de chaussure entre les gens du peuple et les gentilshommes, ceux-ci portant des souliers avec des talons rouges très relevés, tandis que les ouvriers et les bourgeois portaient des souliers plats.   (LITTRÉ.)

[5] *J'en prévois* UNE SUITE *et...* QU'*il faudra*. Cette sorte de construction qui s'écarte de la règle générale, en ne donnant pas à un même verbe des compléments de même nature, se rencontre souvent au XVIIe siècle. Molière dit encore ailleurs :
Eh bien! vous *le* pouvez et *prendre* votre temps.
Cf. le latin :
Discite *justitiam* moniti et *non temnere* divos.   (VIRG., *Æn.* VI, 620.)

DORINE

Certes, c'est une chose aussi qui scandalise,
De voir qu'un inconnu céans s'impatronise;
Qu'un gueux qui, quand il vint, n'avait pas de souliers,
Et dont l'habit entier valait bien six deniers,
En vienne jusque-là que de se méconnaître,
De contrarier tout, et de faire le maître.

MADAME PERNELLE

Hé, merci de ma vie[1]! il en irait bien mieux[2],
Si tout se gouvernait par ses ordres pieux.

DORINE

Il passe pour un saint dans votre fantaisie[3] :
Tout son fait[4], croyez-moi, n'est rien qu'hypocrisie.

MADAME PERNELLE

Voyez la langue!

DORINE

A lui, non plus qu'à son Laurent,
Je ne me fierais, moi, que sur un bon garant.

MADAME PERNELLE

J'ignore ce qu'au fond le serviteur peut être;
Mais pour homme de bien je garantis le maître[5].
Vous ne lui voulez mal et ne le rebutez
Qu'à cause qu'il vous dit à tous vos vérités.
C'est contre le péché que son cœur se courrouce,
Et l'intérêt du ciel est tout ce qui le pousse.

---

[1] *Merci de ma vie*, c'est-à-dire, grâce pour ma vie! exclamation d'impatience, de colère, comme *merci de moi!*

[2] *Il en irait bien mieux.* Au XVII⁰ siècle, l'usage était de mettre ainsi le pronom *il* dans une foule de locutions où nous préférons l'emploi de *ce, cela* :

Iris, je vous louerais, il n'est que trop aisé. (LA FONT., *Fab.* X, I.)

Cet usage qui tombe en désuétude est conservé encore dans : il est vrai. — Il *en irait*, impersonnellement; tout *serait, se passerait* mieux.

[2] *Fantaisie*, ancien synonyme d'*imagination* (du grec φαντασία):

Sévère incessamment brouille ma *fantaisie*. (CORN., *Poly.* III, I.)

[4] *Son fait*, sa conduite; le *fait* de quelqu'un, c'est-à-dire tout ce qui le concerne, lui est spécial:

Je crains fort pour mon *fait* quelque chose approchant. (*Amphyt.* II, III.)

[5] Comment

Un gueux qui, quand il vint, n'avait pas de souliers

Et dont l'habit entier valait bien six deniers,

pouvait-il avoir un domestique ?

DORINE

Oui ; mais pourquoi, surtout depuis un certain temps ,
Ne saurait-il souffrir qu'aucun hante 1 céans?
En quoi blesse le ciel une visite honnête,
Pour en faire un vacarme à nous rompre la tête?
Veut-on que là-dessus je m'explique entre nous ?

Montrant Elmire.

Je crois que de Madame il est, ma foi, jaloux.

MADAME PERNELLE

Taisez-vous, et songez aux choses que vous dites.
Ce n'est pas lui tout seul qui blâme ces visites :
Tout ce tracas qui suit les gens que vous hantez,
Ces carrosses sans cesse à la porte plantés,
Et de tant de laquais le bruyant assemblage ,
Font un éclat fâcheux dans tout le voisinage.
Je veux croire qu'au fond il ne se passe rien,
Mais enfin on en parle, et cela n'est pas bien.

CLÉANTE

Eh! voulez-vous, Madame, empêcher qu'on ne cause ?
Ce serait dans la vie une fâcheuse chose,
Si, pour les sots discours où l'on peut être mis,
Il fallait renoncer à ses meilleurs amis.
Et quand même on pourrait se résoudre à le faire ,
Croiriez-vous obliger tout le monde à se taire?
Contre la médisance il n'est point de rempart.
A tous les sots caquets n'ayons donc nul égard,
Efforçons-nous de vivre avec toute innocence,
Et laissons aux causeurs une pleine licence [2].

---

[1] *Hante*, au sens neutre dont l'emploi est rare :

Il *hante* en mauvais lieux ; gardez-vous
de cela.   (RÉGNIER, *sat.* XIII.)

— Ce verbe a, quelques vers plus bas, le sens actif : « Les gens que vous hantez. » — C'est le latin *versari* au propre comme au figuré : fréquenter, visiter souvent, en parlant soit des personnes, soit des lieux.

[2] Bonne maxime sans doute , mais Bourdaloue dit mieux encore comment les chrétiens doivent braver les railleries du monde et les

fouler aux pieds : « Soyons humble, dit-il, renonçons à nous-mêmes, marchons simplement et de bonne foi, et le monde, tout injuste qu'il est, nous fera justice. Tenons-nous où Dieu nous a mis, par un saint attachement à ses ordres, et on ne nous confondra pas avec ceux qui falsifient son culte. Faisons luire, suivant la règle de l'Évangile, cette lumière de notre foi par nos œuvres ; et les hommes, glorifiant Dieu en nous, seront les premiers à nous rendre témoignage. » — C'est plus ferme et en même temps plus pratique.

DORINE

Daphné[1], notre voisine, et son petit époux,
Ne seraient-ils point ceux qui parlent mal de nous?
Ceux de qui la conduite offre le plus à rire
Sont toujours sur autrui[2] les premiers à médire;
Ils ne manquent jamais de saisir promptement
L'apparente lueur du moindre attachement,
D'en semer la nouvelle avec beaucoup de joie,
Et d'y donner le tour qu'ils veulent qu'on y croie.
Des actions d'autrui, teintes de leurs couleurs,

---

[1] Les commentateurs de Molière ne manquent pas une occasion d'exalter le courage de ce flatteur des passions royales qu'ils érigent immédiatement en héros. Il faut les entendre s'écrier sur un ton risiblement épique : « La religion était presque réduite aux apparences (au temps de saint Vincent de Paul, mort quatre ans avant l'apparition du *Tartufe!*), et l'hypocrisie menaçait le siècle de sa toute-puissance (le siècle de Bossuet, de Bourdaloue, d'Olier, de la B. Marguerite-Marie, etc. etc., le siècle qui vit tant de foi, tant de vertus, tant de saints!). Elle était partout, excepté sur le trône (en effet, il y avait alors, en attendant la Montespan, Mlle de la Vallière, qui n'était pas encore la carmélite Louise de la Miséricorde), lorsque Molière entreprit de lui arracher son masque... Noble et grande pensée... *Seul (!)* Molière avait compris la grandeur du péril ; *seul* il entreprit d'éclairer la France et le roi, etc. » (AIMÉ MARTIN.)

Or on peut voir ici un double trait de cet héroïque courage. Sous les noms de *Daphné* et d'*Orante*, comme nous l'apprend le même Martin, Molière livrait aux railleries de la cour, qui ne s'y méprenait point, deux femmes, la comtesse de Sois-sons (Olympe de Mancini), et la duchesse de Navailles, celle-ci « dévote » (la vilaine!), toutes deux disgraciées, toutes deux exilées avec leurs « petits époux », selon la délicate expression de Dorine, pour avoir noblement accompli le devoir de leur charge, et s'être opposées au jeune roi lui-même, qui se livrait alors, malgré les efforts de sa pieuse mère, Anne d'Autriche, et de la reine Marie-Thérèse, à de scandaleux désordres. Et pour mieux conjurer, au moyen de *Tartufe*, le « péril » qui menaçait la France, et mieux « éclairer le roi », Molière confiait cet acte d'intrépide courage à la langue de Dorine, « maîtresse fille », dit maître Martin, dont le rôle était joué par Madeleine Béjart « maîtresse femme », elle aussi, et surtout bien choisie pour démonétiser les prudes. Il devait donc être beau d'entendre la « maîtresse femme » s'écrier :

Ceux de qui la conduite offre le plus à
    rire
Sont toujours sur autrui les premiers
    à médire!

[2] *Sur autrui*. Médire sur, comme médire de; c'est le latin *de*. L'emploi de *sur* pour *au sujet de* était fréquent au xviie siècle : « Un honnête homme se désintéresse *sur les* éloges. » (LA BRUYÈRE.)

Ils pensent dans le monde autoriser les leurs,
Et, sous le faux espoir de quelque ressemblance,
Aux intrigues qu'ils ont donner de l'innocence,
Ou faire ailleurs tomber quelques traits partagés
De ce blâme public dont ils sont trop chargés.

MADAME PERNELLE

Tous ces raisonnements ne font rien à l'affaire.
On sait qu'Orante mène une vie exemplaire ;
Tous ses soins vont au ciel, et j'ai su par des gens
Qu'elle condamne fort le train 1 qui vient céans.

DORINE

L'exemple est admirable, et cette dame est bonne!
Il est vrai qu'elle vit en austère personne ;
Mais l'âge dans son âme a mis ce zèle ardent,
Et l'on sait qu'elle est prude à son corps défendant 2.
Tant qu'elle a pu des cœurs attirer les hommages,
Elle a fort bien joui de tous ses avantages ;
Mais voyant de ses yeux tous les brillants baisser,
Au monde qui la quitte elle veut renoncer,
Et du voile pompeux d'une haute sagesse
De ses attraits usés déguiser la faiblesse.
Ce sont là les retours des coquettes du temps :
Il leur est dur de voir déserter les galants.
Dans un tel abandon, leur sombre inquiétude
Ne voit d'autre recours que le métier de prude ;
Et la sévérité de ces femmes de bien
Censure toute chose et ne pardonne à rien :
Hautement d'un chacun 3 elles blâment la vie,
Non point par charité, mais par un trait d'envie,
Qui ne saurait souffrir qu'un autre ait les plaisirs

---

1 *Train,* suite de gens, de valets, etc. Cette expression résume
ce qu'a dit plus haut M⁸ᵉ Pernelle :
Ce tracas qui suit les gens que vous
hantez, ces carosses..., et de tant
de laquais le bruyant assemblage...
— C'est dans ce même sens que
La Fontaine a dit : « Grosse maison, grand *train*, nombre de gens ; »
et Massillon : « Réglez vos tables...,
vos *trains,* vos édifices sur le pied
de l'Évangile. » (*Carême, Aumône.)*

2 *A son corps défendant,* malgré
soi, à contre-cœur. On dit au propre, par exemple : « Il tua l'ennemi
à son corps défendant, » c'est-à-
dire, *en se défendant* contre ses
attaques ; de là est venu l'emploi
au figuré de cette locution pour
dire qu'on fait une chose à contre-
cœur et malgré soi.

3 *Un chacun,* locution peu usitée
aujourd'hui, mais alors très commune.

Dont le penchant de l'âge a sevré leurs désirs [1].

[1] Ce sont bien là des pensées dignes de « la langue », comme dit Mme Pernelle; mais, ainsi que le remarquent les critiques, le style en est trop relevé pour une « suivante forte en gueule ». Ces vers, depuis « tant qu'elle a pu... », étaient mis d'abord dans la bouche de Cléante; plus tard, Molière, en retouchant sa pièce, les disposa comme ci-dessus, mais toutefois, ce qui est un o_bli, sans en modifier le style.

— On peut rapprocher de ce passage plusieurs traits de la scène entre Célimène et Arsinoé (*Misant.*, III, v). C'est la même doctrine :

L'âge amènera tout ; et ce n'est pas le temps,
Madame, comme on sait, d'être prude à vingt ans.

— Cette morale, que les commentateurs, à l'unanimité, oublient de trouver *relâchée*, sans doute parce que leur théologien des *Provinciales* a négligé d'en charger Escobar, induit naturellement à conclure qu'il faut jouir des plaisirs de la jeunesse, et que si on ne le fait pas, ou si on ne le fait plus, c'est « franche grimace », affaire « d'âge », ou « pruderie ». Ces insinuations perfides que fait naître le *Tartufe* sont le grand danger que nous avons déjà vu signaler par Bourdaloue, et c'est ce qui a fait et ce qui fera toujours le succès de cette pièce auprès de ceux qui ont besoin de nier la vertu, de la calomnier, ou du moins de la ridiculiser pour la rendre suspecte.

Si ces accusations de Molière tombent, ainsi que nous l'apprend Aimé Martin, sur les personnes qu'il désigne plus haut, l'on en sent toute l'odieuse fausseté. Si l'auteur prétend les rendre générales, elles sont contredites par l'histoire de ce siècle de foi où l'on ne voyait presque pas de pécheurs qui ne se convertissent et même ne fissent pénitence avec éclat lorsque leur vie première avait donné de grands scandales. C'est ainsi, pour ne citer que quelques noms des plus connus, que le cardinal de Retz expiait dans une longue et pieuse retraite les ambitieuses intrigues de sa vie politique et mondaine; que l'abbé de Rancé réparait par trente-trois ans de reclusion à la Trappe, dont il devenait le réformateur, et par une sainte mort sur la paille et la cendre, les légèretés de sa jeunesse; que Mlle de La Vallière s'enfermait au Carmel, et qu'après elle Mme de Montespan se retirait à son tour dans la retraite, pour réparer les scandales de leur vie à la cour, et se préparer à la mort par une rigoureuse pénitence. — Quant aux insinuations qu'on pourrait induire de ce passage contre la piété, voici la réponse de saint François de Sales : « Tout aussitôt que les mondains s'apercevront que vous voulez suivre la vie dévote, ils décocheront sur vous mille traits de leur cajolerie et médisance; les plus malins calomnieront votre changement d'hypocrisie, bigoterie et artifice; ils diront que le monde vous a fait mauvais visage, et qu'à son refus vous recourez à Dieu; vos amis s'empresseront à vous faire un monde de remontrances fort prudentes et charitables à leur avis: Il faut vivre au monde, vous diront-ils, comme au monde; on peut bien faire son salut sans tant de mystères; et mille telles bagatelles. — Ma Philothée, tout cela n'est qu'un vain et sot babil. « Si vous étiez du

MADAME PERNELLE, à Elmire.

Voilà les contes bleus [1] qu'il vous faut, pour vous plaire,
Ma bru. On est chez vous contrainte de se taire;
Car Madame, à jaser, tient le dé [2] tout le jour.
Mais enfin je prétends discourir à mon tour.
Je vous dis que mon fils n'a rien fait de plus sage
Qu'en recueillant chez soi [3] ce dévot personnage;
Que le ciel, au besoin, l'a céans envoyé
Pour redresser à tous votre esprit fourvoyé;
Que pour votre salut vous le devez entendre;
Et qu'il ne reprend rien qui ne soit à reprendre.
Ces visites, ces bals, ces conversations,
Sont du malin esprit toutes inventions :
Là jamais on n'entend de pieuses paroles;

monde, dit le Sauveur, le monde aimerait ce qui est sien; mais parce que vous n'êtes pas du monde, partant il vous hait. » — Qui ne voit que le monde est un juge inique, gracieux et favorable pour ses enfants, mais âpre et rigoureux aux enfants de Dieu. Nous ne saurions être bien avec le monde qu'en nous perdant avec lui. Il n'est pas possible que nous le contentions, car il est trop bizarre. Si nous nous relâchons par condescendance à rire, jouer, danser avec lui, il s'en scandalisera; si nous ne le faisons pas, il nous accusera d'hypocrisie. — Laissons cet aveugle; qu'il crie tant qu'il voudra, comme un chathuant, pour inquiéter les oiseaux du jour; soyons fermes en nos desseins, invariables en nos résolutions; la persévérance fera bien voir si c'est certes et tout de bon que nous sommes sacrifiés à Dieu et rangés à la vie dévote. » (Introd. à la Vie dév., IVe part., ch. I.)

[1] Contes bleus, récits imaginaires, billevesées. — Les romans de chevalerie, les contes de fées, et autres du même genre, étaient dits Contes bleus, Bibliothèque bleue, à raison de cette couleur qu'on donnait à la couverture. De là cette locution appliquée à un récit imaginaire, à des paroles en l'air.

[2] Tient le dé, métaphore empruntée au jeu. Tenir le dé en conversation, c'est s'en rendre maître, la diriger. « Silly tenait le dé du raisonnement et de la politique. » (SAINT-SIMON.)

[3] Soi. L'ancienne langue, plus fidèle à l'étymologie, mettait toujours le pronom soi, qui ne s'emploie aujourd'hui qu'au sens indéfini, partout où le latin aurait mis sui, sibi, se :

Charmant, jeune, traînant tous les
  cœurs après soi.
        (RACINE, Phèd., II, v.)

Cet emploi du pronom soi avec un nom déterminé est d'autant plus à regretter, qu'il marquait bien mieux que lui, elle, le rapport avec le sujet :

Qu'il fasse autant pour soi comme je
  fais pour lui. (CORN., Poly., III, III.)

Et cette substitution de lui, elle, à soi, est une tendance à laquelle il faut résister, dit M. Littré, soi étant plus clair que lui ou elle.

Ce sont propos oisifs, chansons et fariboles ;
Bien souvent le prochain en a sa bonne part,
Et l'on y sait médire et du tiers et du quart.
Enfin les gens sensés ont leurs têtes [1] troublées
De la confusion de telles assemblées :
Mille caquets divers s'y font en moins de rien ;
Et comme, l'autre jour, un docteur dit fort bien,
C'est véritablement la tour de Babylone [2],
Car chacun y babille, et tout le long de l'aune ;
Et, pour conter l'histoire où ce point l'engagea..

Montrant Cléante.

Voilà-t-il pas [3] Monsieur qui ricane déjà !
Allez chercher vos fous qui vous donnent à rire,

A Elmire.

Et sans... Adieu, ma bru ; je ne veux plus rien dire.
Sachez que pour céans j'en rabats de moitié [4],
Et qu'il fera beau temps quand j'y mettrai le pied.

Donnant un soufflet à Flipote.

Allons, vous, vous rêvez, et bayez [5] aux corneilles.
Jour de Dieu ! je saurai vous frotter les oreilles.
Marchons, gaupe [6], marchons [7].

---

[1] *Leurs têtes.* On trouve ainsi souvent au XVII° siècle l'adjectif possessif, dans des endroits où nous mettrions plutôt l'article.
Qui voudrait élever sa voix ? (RACINE)
Et réciproquement l'article est fréquemment employé pour l'adjectif possessif :
Peuples, qu'on mette sur *la* tête
Tout ce que la terre a de fleurs.
(MALHERBE.)

[2] *Tour de Babylone* ou de Babel (Babel est le nom hébreu de Babylone et signifie *confusion*), se dit proverbialement par allusion au récit biblique, d'une assemblée où règne le désordre, où l'on ne s'entend pas, etc.

[3] Cette omission de la négation *ne* dans les interrogations, qui aujourd'hui paraît très familière, ne l'était pas au XVII° siècle ; elle était au contraire très fréquente dans le style élevé :
Esther, que craignez-vous ? suis-je pas
votre frère ? (RAC., *Esth.*, II, VII.)
« A-t-il pas fallu que Marie fût couverte de la vertu d'en haut ? »
(Boss., *Serm.*)

[4] *En rabattre de moitié.* C'est estimer moitié moins qu'on ne faisait auparavant.

[5] *Bayer,* c'est regarder en tenant la bouche ouverte : du vieux mot *béer,* ou plutôt du latin *beare.* — *Bayer aux corneilles* se dit proverbialement de ceux qui regardent niaisement de côté et d'autre : « Je voulus aller dans la rue pour *bayer* comme les autres. » (SÉVIGNÉ.)

[6] *Gaupe,* expression injurieuse et méprisante : femme malpropre et désagréable.

[7] Dès cette première scène, la

SCÈNE II

CLÉANTE, DORINE

CLÉANTE

　　　　　　　Je n'y veux point aller,
De peur qu'elle ne vînt encor me quereller.
Que cette bonne femme !...

DORINE

　　　　　　　Ah ! certes, c'est dommage
Qu'elle ne vous ouït tenir un tel langage :
Elle vous dirait bien qu'elle vous trouve bon,
Et qu'elle n'est point d'âge à lui donner [2] ce nom.

CLÉANTE

Comme elle s'est pour rien contre nous échauffée,
Et que de son Tartufe elle paraît coiffée !

DORINE

Oh ! vraiment, tout cela n'est rien au prix du fils ;

personnalité de Tartufe remplit déjà toute la pièce, et, bien qu'il ne paraisse pas de longtemps encore, toute l'attention se concentre sur lui : c'est assurément un chef-d'œuvre de mise en scène ; de plus on sent assez combien ce style est admirable de nerf, de verve et de clarté. — Mais, au point de vue moral, tout ce rôle de Mme Pernelle, que fait-il autre chose, sinon « tourner les choses les plus saintes en ridicule ? » comme le dit Bourdaloue : « la crainte des jugements de Dieu, l'horreur du péché...; blâmer les scandales du siècle d'une manière extravagante ? » — Condamner les bals et les divertissements suspects, éloigner les galants, faire taire les médisances, rappeler le souvenir de Dieu, n'est-ce pas aussi ce qu'entreprendrait, sauf l'intention et la façon, à la place de Tartufe, tout vrai dévot ? Et ces principes, si habilement tournés en ridicule, ne sont-ils pas cependant ceux de l'Évangile, qui nous dit : « N'aimez point le monde... Malheur au monde à cause de ses scandales ! »

[1] Autrefois ces mots de bon homme, bonne femme, étaient synonymes de vieillard : « On apprit à Chambord la mort du bonhomme Corneille » (DANGEAU), c'est-à-dire, du vieux Corneille.

[2] A lui donner, c'est-à-dire à ce qu'on lui donne. Cet emploi de l'infinitif avec la préposition à mise pour diverses conjonctions est fréquent au XVIIe siècle :

(Dieu) me donne votre exemple à me
　fortifier.　　(CORN, Pol, II, VI)

Et, si vous l'aviez vu, vous diriez : C'est bien pis!
Nos troubles 1 l'avaient mis sur le pied d'homme sage,
Et pour servir son prince il montra du courage;
Mais il est devenu comme un homme hébété 2,
Depuis que de Tartufe on le voit entêté :
Il l'appelle son frère, et l'aime dans son âme
Cent fois plus qu'il ne fait 3 mère, fils, fille et femme.

1 Les troubles de la Fronde.

2 *Hébété*. Est-ce donc là le fruit de la dévotion? Que vaudrait alors la parole de saint Paul : *Exerce te ipsum ad pietatem... Pietas ad omnia utilis est, promissionem habens vitæ quæ nunc est, et futuræ?* — Et ce que je dis, ajoute l'Apôtre, c'est : *Fidelis sermo, et omni acceptione dignus*. (I. TIM., IV, 7-9.) — Tel que le dépeint ici Dorine, Orgon est tout simplement un achevé sot, un fieffé imbécile, et, si même encore ce caractère était vraisemblable, la dévotion ne saurait être pour rien dans la bêtise du personnage. — « Non, s'écrie un autre docteur que le père de *Tartufe*, non, la dévotion ne gâte rien quand elle est vraie, mais elle perfectionne tout; et lorsqu'elle se rend contraire à la légitime vocation de quelqu'un, elle est sans doute fausse. « L'abeille, dit Aristote, tire son « miel des fleurs sans les intéresser, « les laissant entières et fraîches « comme elle les a trouvées. » Mais la vraie dévotion fait encore mieux; car non seulement elle ne gâte nulle sorte de vocation ni d'affaires, mais, au contraire, elle les orne et les embellit. Toutes sortes de pierreries jetées dans le miel en deviennent plus éclatantes, chacune selon sa couleur; et chacun devient plus agréable en sa vocation, la conjoignant à la dévotion : le soin de la famille en est rendu paisible, l'amour du mari et de la femme plus sincère (voilà contre les chagrins domestiques un remède dont Mollère n'eut garde d'essayer), le *service du prince plus fidèle*, toutes sortes d'occupations plus suaves et aimables... Croyez-moi, chère Philotée, la dévotion est la douceur des douceurs et la *reine des vertus*; car c'est la *perfection de la charité*. Si la charité est un lait, la dévotion en est la crème; si elle est une plante, la dévotion en est la fleur; si elle est une pierre précieuse, la dévotion en est l'éclat; si elle est un baume précieux, la dévotion en est l'odeur de suavité qui conforte les hommes et réjouit les anges. » (S. FRANÇ. DE SALES, *Introd. à la vie dévote*, Ire p., ch. II et III.) — On reconnaîtra quelque différence entre le langage du saint docteur et les sarcasmes de l'époux des demoiselles Béjart. Il est vrai que la compétence de l'un et de l'autre dans cette question n'est pas tout à fait la même.

3 *Qu'il ne fait*, c'est-à-dire qu'il *n'aime*. Cet emploi du verbe *faire* servant à remplacer, dans ses temps, nombre et personne, un verbe qu'il faudrait répéter, et prenant alors la signification de ce verbe, est un excellent idiotisme qui appartient à la meilleure langue française :

Elle m'estime autant que Rome vous a
    fait.   (CORN., *Hor.*, II, III.)

« Dieu vous comptera plus un verre d'eau donné en son nom que les rois ne *feront* jamais *tout votre sang répandu*. » (BOSSUET, *Condé*.)

C'est de tous ses secrets l'unique confident,
Et de ses actions le directeur prudent.
Il le choie, il l'embrasse; et, pour une maîtresse,
On ne saurait, je pense, avoir plus de tendresse! :
A table, au plus haut bout il veut qu'il soit assis;
Avec joie il l'y voit manger autant que six;
Les bons morceaux de tout, il fait qu'on les lui cède;
Et, s'il vient à roter[2], il lui dit : « Dieu vous aide! »
Enfin il en est fou; c'est son tout, son héros;
Il l'admire à tous coups, le cite à tous propos,
Ses moindres actions lui semblent des miracles,
Et tous les mots qu'il dit sont pour lui des oracles.
Lui, qui connaît sa dupe, et qui veut en jouir,
Par cent dehors fardés a l'art de l'éblouir :
Son cagotisme en tire à toute heure des sommes,
Et prend droit de gloser sur tous tant que nous sommes.
Il n'est pas jusqu'au fat[3] qui lui sert de garçon
Qui ne se mêlo aussi de nous faire leçon :
Il vient nous sermonner avec des yeux farouches,
Et jeter nos rubans, notre rouge et nos mouches[4].
Le traître, l'autre jour, nous rompit de ses mains
Un mouchoir qu'il trouva dans une Fleur des saints[5],
Disant que nous mêlions, par un crime effroyable,
Avec la sainteté les parures du diable.

---

[1] Voilà une comparaison qui ne ressemble guère à celles de S. François de Sales.

[2] C'est aussi bas que grossier; aussi à la représentation supprime-t-on ces deux vers.

[3] *Fat,* au sens du XVIIᵉ siècle, *sot, niais.* Oui, tant qu'on voudra, mais cependant,

Le plus âne des trois n'est pas celui qu'on pense. (LA FONT., *Fabl.* III, I.)

[4] *Rouge,* fard de cette couleur; — *mouche,* petit morceau de taffetas noir, comme l'aile d'une mouche, que les dames se mettent sur le visage.

[5] *La Fleur des saints et des fêtes de toute l'année,* deux vol. in-folio, œuvre du P. Ribadeneira, jésuite espagnol, un des premiers compagnons de saint Ignace.

— Cfr. Chrysale, *Fem. sav.:*

Et hors un gros Plutarque à mettre mes rabats,
Vous devriez brûler tout ce meuble inutile.

Dorine mettait ses mouchoirs dans la *Fleur des saints,* comme Chrysale ses rabats dans le *Plutarque* de sa femme.

SCÈNE III

ELMIRE, MARIANE, DAMIS, CLÉANTE, DORINE

ELMIRE, à Cléante.

Vous êtes bien heureux de n'être point venu
Au discours qu'à la porte elle nous a tenu.
Mais j'ai vu mon mari ; comme il ne m'a point vue,
Je veux aller là-haut attendre sa venue !

CLÉANTE

Moi, je l'attends ici, pour moins d'amusement,
Et je vais lui donner le bonjour seulement.

SCÈNE IV

CLÉANTE, DAMIS, DORINE

DAMIS

De l'hymen de ma sœur touchez-lui [2] quelque chose.
J'ai soupçon que Tartufe à son effet s'oppose,
Qu'il oblige mon père à des détours si grands ;
Et vous n'ignorez pas quel intérêt j'y prends.
Si même ardeur enflamme et ma sœur et Valère,
La sœur de cet ami, vous le savez, m'est chère ;
Et s'il fallait...

DORINE

Il entre.

---

[1] Ce n'est pas montrer beaucoup d'empressement. Cette sortie d'Elmire et bientôt de Damis, faite pour amener la scène suivante, est peu naturelle.

[2] *Touchez-lui*, dites-lui, parlez-lui de :

Puisque vous voulez que je n'en *touche* rien.   (MOL., D. Garc., III.)

SCÈNE V

ORGON, CLÉANTE, DORINE

ORGON

Ah! mon frère, bonjour.

CLÉANTE

Je sortais, et j'ai joie à vous voir de retour.
La campagne à présent n'est pas beaucoup fleurie [1].

ORGON

A Cléante.

Dorine... Mon beau-frère, attendez, je vous prie.
Vous voulez bien souffrir, pour m'ôter de souci [2],
Que je m'informe un peu des nouvelles d'ici.

A Dorine.

Tout s'est-il, ces deux jours, passé de bonne sorte?
Qu'est-ce qu'on fait céans? Comme [3] est-ce qu'on s'y porte?

DORINE

Madame eut avant-hier la fièvre jusqu'au soir,
Avec un mal de tête étrange à concevoir.

ORGON

Et Tartufe [4]?

DORINE

Tartufe? il se porte à merveille,
Gros et gras, le teint frais et la bouche vermeille.

---

[1] Banalité pour engager la conversation et qui décèle l'embarras de Cléante.

[2] *Oter quelqu'un de,* le débarrasser, le délivrer de... :
Parle, *ôte-moi* d'un doute.
(*Le Cid,* II, II.)
Il m'*ôte* des périls que j'aurais pu courir.
(*Poly.,* IV, III.)

[3] *Comme* se disait alors pour *comment, de quelle manière:*
Albin, *comme* est-il mort?
(*Poly.,* III, V.)
Attendez; *comme* est-ce qu'il se nomme?
(*Nicom.,* IV, IV.)

— On en trouvera de nombreux exemples dans le *Tartufe.*

[4] A peine Orgon a-t-il parlé, qu'il se peint tout entier par un de ces traits qui ne sont qu'à Molière. On peut s'attendre à tout d'un homme qui, arrivant dans sa maison, répond à tout ce qu'on lui dit par cette seule question: « Et Tartufe? » et s'apitoie sur lui de plus en plus quand on lui dit que Tartufe a fort bien mangé et fort bien dormi. C'est ainsi qu'est fait ce qu'on appelle l'infatuation.

(LA HARPE.)

ORGON

Le pauvre homme ! !

DORINE

Le soir, elle eut un grand dégoût,
Et ne put, au souper, toucher à rien du tout,
Tant sa douleur de tête était encor cruelle !

ORGON

Et Tartufe?

DORINE

Il soupa, lui tout seul, devant elle ;
Et fort dévotement il mangea deux perdrix,
Avec une moitié de gigot en hachis.

ORGON

Le pauvre homme !

DORINE

La nuit se passa tout entière
Sans qu'elle pût fermer un moment la paupière ;
Des chaleurs l'empêchaient de pouvoir sommeiller,
Et jusqu'au jour près d'elle il nous fallut veiller.

ORGON

Et Tartufe?

DORINE

Pressé d'un sommeil agréable,
Il passa dans sa chambre au sortir de la table ;
Et dans son lit bien chaud il se mit tout soudain,
Où, sans trouble, il dormit jusques au lendemain.

ORGON

Le pauvre homme !

DORINE

A la fin, par nos raisons gagnée,
Elle se résolut à souffrir la saignée,
Et le soulagement suivit tout aussitôt.

ORGON

Et Tartufe?

DORINE

Il reprit courage comme il faut,

---

¹ Ce mot fameux est une de ces répétitions dont Molière s'est plusieurs fois servi et qui sont un de ses traits les plus comiques, comme : *Je ne dis pas cela*, dans le *Misanthrope*; le *Sans dot!* de l'*Avare*; le *Que diable allait-il faire dans cette galère !* de *Scapin.*

Et, contre tous les maux fortifiant son âme,
Pour réparer le sang qu'avait perdu Madame,
But, à son déjeuner, quatre grands coups de vin.

ORGON

Le pauvre homme ! !

DORINE

Tous deux se portent bien enfin ;
Et je vais à Madame annoncer, par avance,
La part que vous prenez à sa convalescence.

SCÈNE VI

ORGON, CLÉANTE

CLÉANTE

A votre nez, mon frère, elle se rit de vous ;
Et, sans avoir dessein de vous mettre en courroux,
Je vous dirai, tout franc, que c'est avec justice.
A-t-on jamais parlé d'un semblable caprice ?
Et se peut-il qu'un homme ait un charme aujourd'hui
A[2] vous faire oublier toutes choses pour lui ?
Qu'après avoir chez vous réparé[3] sa misère,
Vous en veniez au point...

ORGON

Halte-là, mon beau-frère ;
Vous ne connaissez pas celui dont vous parlez.

---

[1] Voilà donc, après Mme Pernelle, le second *dévot* de la pièce, Orgon, un sot. Car ce parfait imbécile, sans jugement et sans cœur, se pique très sincèrement de dévotion et se fait une affaire de son salut, comme on le verra dans la scène suivante. Et puis on viendra nous dire que l'imposture est l'unique ennemi à qui Molière se soit voulu prendre ! Comme si la sottise de l'inepte Orgon n'était pas plus injurieuse et plus préjudiciable à la religion que la scélératesse de Tartufe, si facile d'ailleurs à démasquer.

[2] *Charme... à...* — *Charme*, enchantement (*Carmen*, formule en vers à laquelle était attribuée une vertu magique), fréquent dans ce sens au xviie siècle :

Quel *charme* l'attirait sur ces bords redoutés !   (RAC, *Phèd*, II, I.)

— *A*, capable de :

La couronne n'a rien à me rendre content.   (MOL, *D. Garc.* V, v.)

[3] *Réparé*. Soulager, remédier à :

Pour *réparer* des ans l'irréparable outrage.   (*Athal*, II, v.)

CLÉANTE

Je ne le connais pas, puisque vous le voulez ;
Mais enfin, pour savoir quel homme ce peut être...

ORGON

Mon frère, vous seriez charmé de le connaître,
Et vos ravissements ne prendraient point de fin.
C'est un homme qui... Ah!... un homme... un homme enfin !...
Qui suit bien ses leçons, goûte une paix profonde,
Et comme du fumier regarde tout le monde 2.
Oui, je deviens tout autre avec son entretien :
Il m'enseigne à n'avoir affection pour rien ;
De toutes amitiés il détache mon âme,
Et je verrais mourir frère, enfants, mère et femme,
Que je m'en soucierais autant que de cela 3.

CLÉANTE

Les sentiments humains, mon frère, que voilà 4 !

---

[1] La *Lettre sur l'Imposteur* précise le sens de ce vers par la manière dont elle rapporte que le disait Molière en jouant ce rôle d'Orgon. Il le prononçait à la façon d'un homme qui voudrait dire beaucoup, mais qui ne sait que dire.

[2] Parodie de cette belle et énergique parole de saint Paul : *Omnia... arbitror ut stercora, ut Christum lucrifaciam.* (PHILIP. III, 8) : « Je regarde toutes choses comme du fumier, afin de gagner Jésus-Christ »

[3] *Cela*, indiqué par un geste que tout le monde connaît, c'est le bruit de l'ongle du pouce que l'on fait glisser sous l'extrémité d'une dent d'en haut. Molière a répété ailleurs cette expression :

Pour moi, je m'en soucie autant que de
    cela.   (*L'Étourdi.*)

— Voilà, comme dit Bourdaloue (*loc. cit.*), « ces maximes de religion faiblement soutenues en même temps qu'elles sont fortement attaquées, » et ajoutons, ridiculisées par le fait même de se trouver dans la bouche d'un Tartufe ou d'un Orgon. — Molière, qui dans sa préface a bien le front de vouloir s'autoriser de l'exemple de Corneille, parce que ce grand poète a mis aussi la dévotion sur la scène, s'est sans doute souvenu ici des stances de Polyeucte :

Monde, pour moi tu n'es plus rien ;
Je porte en un cœur tout chrétien
Une flamme toute divine,
Et je ne regarde Pauline
Que comme un obstacle à mon bien.

A Polyeucte comme à Orgon, Cléante aurait sujet de répondre :

Les sentiments humains, mon frère,
    que voilà !

[4] Humains ou non, la parodie de Molière n'empêche pas qu'ils soient chrétiens et fondés sur la parole de Jésus-Christ : *Si quis venit ad me, et non odit patrem suum, et matrem, et uxorem, et filios, et fratres, et sorores, adhuc autem et animam suam, non potest meus esse discipulus.* (LUC. XIV, 26.) Parole qui est expliquée par cette autre du divin Sauveur : *Qui amat patrem aut matrem plus quam me, non est me dignus; et qui amat filium aut filiam super me, non*

ORGON

Ah! si vous aviez vu comme j'en fis rencontre,
Vous auriez pris pour lui l'amitié que je montre.
Chaque jour à l'église il venait, d'un air doux,
Tout vis-à-vis de moi se mettre à deux genoux.
Il attirait les yeux de l'assemblée entière
Par l'ardeur dont au ciel il poussait sa prière :
Il faisait des soupirs, de grands élancements,
Et baisait humblement la terre à tous moments;
Et, lorsque je sortais, il me devançait vite,
Pour m'aller à la porte offrir de l'eau bénite.
Instruit par son garçon, qui dans tout l'imitait,
Et de son indigence, et de ce qu'il était,
Je lui faisais des dons; mais, avec modestie,
Il me voulait toujours en rendre une partie :
« C'est trop, me disait-il, c'est trop de la moitié;
« Je ne mérite pas de vous faire pitié. »
Et quand je refusais de le vouloir reprendre,
Aux pauvres, à mes yeux, il allait le répandre 1.

---

est me dignus. (MATTH. XIII, 37.) Voici d'ailleurs sur ce passage, qui, après avoir inspiré l'héroïsme de millions de martyrs, trouve toujours tant d'applications dans la vie chrétienne, le commentaire de saint Grégoire le Grand : *Quomodo parentes et carnaliter propinquos præcipimur odisse, qui jubemur et inimicos diligere?... An simul et odisse possumus et diligere? Sed si vim præcepti perpendimus, utrumque agere per discretionem valemus: ut eos, qui nobis carnis cognatione conjuncti sunt, et quos proximos norimus, diligamus; et quos adversarios in via Dei patimur, odiendo et fugiendo nesciamus.* — « Comment se peut-il que nous devions haïr nos parents et ceux qui nous sont unis par les liens du sang, nous, chrétiens, qui devons aimer même nos ennemis? Pouvons-nous haïr et aimer tout à la fois? Mais si nous faisons attention au sens de ces commandements, nous pouvons les accomplir l'un et l'autre selon le cas; nous devons aimer ceux qui nous sont utils par les liens du sang, et tous ceux que nous reconnaissons comme notre prochain; mais s'ils viennent à s'opposer à nous dans les voies de Dieu, nous devons les méconnaître, les fuir et les détester (c'est-à-dire détester leur conduite à notre égard, et obéir à Dieu plutôt qu'aux hommes). » (S. GRÉGOIRE, *Homil.* 27 *in Evang.*) — C'est ainsi que la piété chrétienne épure et perfectionne l'amour naturel, en le subordonnant au divin amour; c'est ainsi que la religion élève le cœur de l'homme en l'approchant du cœur de Dieu, qui est par essence Amour et Charité: *Deus charitas est.* (I JOAN. IV, 16.)

1 La vérité n'a point cet air impétueux.
Il ne faut rien moins que la stu-

Enfin le ciel chez moi me le fit retirer,
Et depuis ce temps-là tout semble y prospérer :
Je vois qu'il reprend tout, et qu'à ma femme même
Il prend, pour mon honneur, un intérêt extrême ;
Il m'avertit des gens qui lui font les yeux doux,
Et plus que moi six fois il s'en montre jaloux.
Mais vous ne croiriez point jusqu'où monte son zèle :
Il s'impute à péché la moindre bagatelle 1 ;
Un rien presque suffit pour le scandaliser ;
Jusque-là qu'il se vint l'autre jour accuser
D'avoir pris une puce en faisant sa prière,
Et de l'avoir tuée avec trop de colère 2.

pidité d'un Orgon pour se laisser prendre à pareilles grimaces. Ce prétendu dévot, de l'invention de Molière, ne connaît guère la dévotion dont pourtant il se pique, et ne paraît pas avoir beaucoup lu l'Évangile. Dès les premières pages de S. Matthieu, il y aurait pu lire en effet : *Attendite ne justitiam vestram faciatis coram hominibus, ut videamini ab eis.* « Gardez-vous de faire vos bonnes œuvres devant les hommes, *dans l'intention d'être vu par eux* (ce qui est bien le cas du vulgaire coquin qui l'a si facilement leurré). — Après ce premier principe général, Notre-Seigneur descend aux détails : *Quum ergo facis eleemosynam, noli tuba canere ante te, sicut hypocritæ faciunt in synagogis, et in vicis, ut honorificentur ab hominibus. Amen dico vobis, receperunt mercedem suam. Te autem faciente eleemosynam, nesciat sinistra tua quid faciat dextera tua, ut sit eleemosyna tua in abscondito; et Pater tuus, qui videt in abscondito, reddet tibi.* (MATTH. VI, 14.) — Voilà pour l'aumône ; voici maintenant pour la prière, et c'est toujours, comme auparavant, le divin Maître qui parle à ses disciples et aux foules qui l'ont suivi sur la montagne des béatitudes : *Et*

cum oratis, non eritis sicut hypocritæ, qui amant in synagogis et in angulis platearum stantes orare, ut videantur ab hominibus. Amen dico vobis, receperunt mercedem suam. — Tu autem, cum oraveris, intra in cubiculum tuum, et, clauso ostio, ora Patrem in abscondito; et Pater tuus, qui videt in abscondito, reddet tibi. (Ibid., 5-6.)

1 Bourdaloue a relevé ce détail (*loc. cit.*) où « les choses saintes sont tournées en ridicule », parce que l'auteur y « affecte » de représenter son hypocrite « consciencieux jusqu'à la délicatesse et au scrupule sur des points moins importants, *où toutefois il le faut être*, pendant qu'il se portait d'ailleurs aux crimes les plus énormes. »

2 « Assurément la chose est plaisante. Cependant, sans qu'il y ait là matière à beaucoup de larmes et sans vouloir en faire une confession publique, un cœur chrétien regrettera devant Dieu d'avoir cédé à un mouvement de colère, même contre une puce. Il doit se vaincre et se posséder jusque dans ces occasions-là ; et saint François de Borgia, qui souvent se confessait plusieurs fois le même jour, ne devait pas s'accuser de péchés beaucoup plus graves. » (LOUIS VEUILLOT.)

CLÉANTE

Parbleu! vous êtes fou, mon frère, que je croi[1].
Avec de tels discours, vous moquez-vous de moi?
Et que prétendez-vous que tout ce badinage...?

ORGON

Mon frère, ce discours sent le libertinage[2].
Vous en êtes un peu dans votre âme enticlé.
Et, comme je vous l'ai plus de dix fois prêché,
Vous vous attirerez quelque méchante affaire.

CLÉANTE

Voilà de vos pareils le discours[3] ordinaire :
Ils veulent que chacun soit aveugle comme eux.
C'est être libertin que d'avoir de bons yeux;
Et qui n'adore pas de vaines simagrées[4],
N'a ni respect, ni foi, pour les choses sacrées.

---

[1] *Que je croi*, locution elliptique, pour : *à ce que je crois*. De nos jours, on a essayé de reprendre cette tournure tombée en désuétude :

Tu n'es pas, *que je crois*, un homme scrupuleux.   (VICTOR HUGO.)

— *Croi*. Cette suppression de l's n'est pas ici une licence poétique, c'est l'ancienne orthographe.

« Autrefois, dit d'Olivet, les premières personnes des verbes, au singulier, ne prenaient point d's à la fin. On réservait cette lettre pour les secondes personnes, et on mettait un *t* aux troisièmes. Par là, chaque personne ayant sa lettre caractéristique, nos conjugaisons étaient plus régulières. Les poëtes commencèrent par ajouter une *s* aux premières personnes du singulier des verbes terminés par une consonne, afin d'éviter l'hiatus. N'ayant rien à craindre pour les verbes qui finissent par un e muet, parce que ceux-là s'élident, ils les laissèrent sans *s*. Insensiblement l'usage des poètes est devenu si général, qu'enfin l'omission de l's aux premières personnes des verbes qui finissent par une consonne ou par toute autre voyelle que l'e muet, a

été regardée comme une négligence dans la prose, et comme une licence dans le vers. » (*Rem. sur la lang. franç.*, 1757.)

[2] *Libertinage*, au xviie siècle, se disait de l'esprit; c'est ce qu'on appelle aujourd'hui *libre pensée*, la négation des croyances religieuses: « Un des prétextes du *libertinage* est de prétendre qu'on ne croit point, que l'on n'a point de foi. » (BOURDAL., *Serm.*) « Est-ce par un *libertinage* de créance qu'ils vivent dans une telle insensibilité à l'égard du salut? (PASCAL., *Pensées.*) — Un peu plus bas, le mot *libertin* est pris dans ce même sens. — La langue, par une logique des plus rigoureuses, donna bientôt à ces termes la signification de *dérèglement du cœur et des mœurs*, qu'ils ont aujourd'hui; un sens a naturellement amené l'autre, comme le premier libertinage amène le second.

[3] *Discours*, manière de parler, de raisonner; acception très fréquente au xviie siècle :

Qu'a de fâcheux pour toi ce *discours* populaire!   (*Le Cid*, IV, II.)

[4] *Simagrées*, manières affectées pour duper ou faire illusion.

Allez, tous vos discours ne me font point de peur,
Je sais comme je parle, et le Ciel voit mon cœur.
De tous vos façonniers [1] on n'est point les esclaves.
Il est de faux dévots ainsi que de faux braves :
Et comme on ne voit pas qu'où l'honneur les conduit,
Les vrais braves soient ceux qui font beaucoup de bruit,
Les bons et vrais dévots, qu'on doit suivre à la trace,
Ne sont pas ceux aussi qui font tant de grimace.
Eh quoi! vous ne ferez nulle distinction
Entre l'hypocrisie et la dévotion?
Vous les voulez traiter d'un semblable langage [2],
Et rendre même honneur au masque qu'au visage?
Égaler l'artifice à la sincérité,
Confondre l'apparence avec la vérité,
Estimer le fantôme autant que la personne,
Et la fausse monnaie à l'égal de la bonne?
Les hommes, la plupart, sont étrangement faits!
Dans la juste nature, on ne les voit jamais :
La raison a pour eux des bornes trop petites,
En chaque caractère, ils passent ses limites;
Et la plus noble chose, ils la gâtent souvent,
Pour la vouloir outrer et pousser trop avant.
Que cela vous soit dit en passant, mon beau-frère.

ORGON

Oui, vous êtes, sans doute, un docteur qu'on révère;
Tout le savoir du monde est chez vous retiré;
Vous êtes le seul sage et le seul éclairé,
Un oracle, un Caton dans le siècle où nous sommes,
Et près [3] de vous ce sont des sots que tous les hommes.

CLÉANTE

Je ne suis point, mon frère, un docteur révéré,
Et le savoir chez moi n'est pas tout retiré [4];

---

[1] *Façonniers.* (V. ci-dessus, p. 40, n. 1.)

[2] *Traiter d'un semblable langage. De* au sens d'*avec :*

Il *traitait de* mépris les dieux qu'on invoquait.   (*Polyeuct.,* III, II.)

S'il ne vous *traite* ici d'entière confidence.   (*Ibid,* I, III.)

[3] *Près de vous,* pour *auprès de vous,* en comparaison de...:

Pour vous régler sur eux, que sont-ils *près de vous?*   (*Esther,* II, v.)

[4] Excellent procédé de réfutation qui consiste à reprendre les paroles de l'adversaire en les niant d'abord, pour y opposer ensuite des preuves contraires. Molière l'a souvent employé, et il en a tiré des effets d'un beau comique.

Mais, en un mot, je sais, pour toute ma science,
Du faux avec le vrai faire la différence.
Et comme je ne vois nul genre de héros
Qui soient plus à priser que les parfaits dévots;
Aucune chose au monde et plus noble et plus belle
Que la sainte ferveur d'un véritable zèle [1];
Aussi ne vois-je rien qui soit plus odieux

[1] Très bien. Voilà une déclaration qu'on ne peut désirer plus nette : mais « en attendant la fin », voici une définition exacte de ce « genre d'héroïsme », qui éclairera mieux encore toute la pièce que les éloquentes tirades de Cléante, lequel n'est pas dévot du tout, et n'entend rien à la dévotion.

« La vraie et vivante dévotion, dit saint François de Sales, présuppose l'amour de Dieu; mais elle n'est autre chose qu'un vrai amour de Dieu, et non pas toutefois un amour tel quel; car en tant que l'amour divin embellit notre âme, il s'appelle *grâce*, nous rendant agréables à sa divine majesté; en tant qu'il nous donne la force de bien faire, il s'appelle *charité*; mais quand il est parvenu à ce degré de perfection auquel il ne nous fait pas seulement bien faire, mais nous fait opérer soigneusement, fréquemment et promptement, alors il s'appelle *dévotion*. Les autruches ne volent jamais; les poules volent, pesamment toutefois, bassement et rarement; mais les aigles, les colombes et les hirondelles volent souvent, vitement et hautement; ainsi les pécheurs ne volent point en Dieu, mais font toutes leurs courses en la terre et pour la terre. Les gens de bien qui n'ont pas encore atteint à la dévotion volent en Dieu par leurs bonnes actions, mais rarement, lentement et pesamment; les personnes dévotes volent en Dieu, fréquemment, promptement et hautement. Bref, la dévotion n'est autre chose qu'une agilité et vivacité spirituelle, par le moyen de laquelle la charité fait ses actions en nous, ou nous par elle, promptement et affectionnément; et, comme il appartient à la charité de nous faire faire généralement et universellement tous les commandements de Dieu, il appartient aussi à la dévotion de nous les faire faire promptement et diligemment. C'est pourquoi celui qui n'observe pas les commandements de Dieu ne peut être estimé ni bon ni dévot, puisque pour être bon il faut avoir la charité, et pour être dévot il faut avoir, outre la charité, une grande vivacité et promptitude aux actions charitables. Et, d'autant que la dévotion gît en certain degré d'excellente charité, non seulement elle nous rend prompts, actifs et diligents à l'observation de tous les commandements de Dieu, mais, outre cela, elle nous provoque à faire promptement et affectionnément le plus de bonnes œuvres que nous pouvons, encore qu'elles ne soient aucunement commandées, mais seulement conseillées ou inspirées. Enfin la charité et la dévotion ne sont non plus différentes l'une de l'autre que la flamme l'est du feu, d'autant que la charité étant un feu spirituel, quand elle est fort enflammée, elle s'appelle dévotion. Ainsi la dévotion n'ajoute rien au feu de la charité,

Que le dehors plâtré d'un zèle spécieux ;
Que ces francs charlatans, que ces dévots de place [1],
De qui la sacrilège et trompeuse grimace
Abuse impunément et se joue, à leur gré,
De ce qu'ont les mortels de plus saint et sacré ;
Ces gens qui, par une âme à l'intérêt soumise,
Font de dévotion métier et marchandise,
Et veulent acheter crédit et dignités [2]
A prix de faux clins d'yeux et d'élans affectés ;
Ces gens, dis-je, qu'on voit d'une ardeur non commune,
Par le chemin du ciel courir à leur fortune ;
Qui, brûlants et priants [3], demandent chaque jour,
Et prêchent la retraite au milieu de la cour ;
Qui savent ajuster leur zèle avec leurs vices,
Sont prompts [4], vindicatifs, sans foi, pleins d'artifices,
Et, pour perdre quelqu'un, couvrent insolemment,
De l'intérêt du ciel leur fier [5] ressentiment ;
D'autant plus dangereux dans leur âpre colère,
Qu'ils prennent contre nous des armes qu'on révère,
Et que leur passion, dont on leur sait bon gré,
Veut nous assassiner avec un fer sacré [6].

---

sinon la flamme qui rend la charité prompte, active et diligente, non seulement à l'observation des commandements de Dieu, mais à l'exercice des conseils et inspirations célestes. » (*Introd. à la vie dév.*, Iʳᵉ part., ch. I.)

[1] *Dévots de place.* « Au moyen âge et au XVIIᵉ siècle encore, les domestiques allaient sur les places publiques attendre qu'on vînt engager leurs services. Les dévots de place, comme les valets de place, sont donc ceux qui s'affichent à tous regards. » (CH. LOUANDRE.)

[2] Cette suppression de l'article est assez fréquente dans les poètes du grand siècle. Elle donne à la phrase plus de force et d'énergie :

Il vous assure et vie et gloire et liberté.
                   (CORN.)

...Est-ce haine, est-ce amour qui l'inspire !
       pire !   (RAC., *Brit.*)

Boileau se félicitait d'avoir fait cette suppression dans le vers

De Styx et d'Achéron peindre les noirs
       torrents,

afin de lui donner plus de noblesse.

[3] *Priants.* Au XVIIᵉ siècle (c'est en 1679 que l'Académie régla le contraire), le participe présent s'accordait avec le substantif :

Et les petits en même temps,
Voletants, se culbutants,
Délogèrent tous sans trompette.
          (LA FONT., *L'Alouette.*)

[4] *Prompts,* qui s'emportent aisément :

Achille déplairait, moins bouillant et moins prompt. (BOIL., *Art poét.*, III.)

[5] *Fier,* violent (ferus) : « Il connaissait de ces *fiers* courages dont la force malheureuse ôse tant. » (BOSS., *Le Tellier.*)

[6] N'est-ce point le cas du *Tar-*

De ce faux caractère on en voit trop paraître ;
Mais les dévots de cœur sont aisés à connaître.
Notre siècle, mon frère, en expose à nos yeux
Qui peuvent nous servir d'exemple glorieux.
Regardez Ariston, regardez Périandre,
Oronte, Alcidamas, Polydore, Clitandre [1].
Ce titre par aucun ne leur est débattu ;
Ce ne sont point du tout fanfarons de vertu.
On ne voit point en eux ce faste insupportable,
Et leur dévotion est humaine, est traitable.
Ils ne censurent point toutes nos actions ;
Ils trouvent trop d'orgueil dans ces corrections ;
Et, laissant la fierté des paroles aux autres,
C'est par leurs actions qu'ils reprennent les nôtres.
L'apparence du mal a chez eux peu d'appui,
Et leur âme est portée à juger bien d'autrui.
Point de cabale en eux, point d'intrigues à suivre ;
On les voit, pour tous soins, se mêler de bien vivre [2].

tufe ? — « Molière, ce jour-là (le jour de *Tartufe*), travaillait au profit de ceux qui ne croient pas. Pour leur venir en aide, il jetait l'alarme dans les rangs opposés. Il obligeait les hommes religieux à craindre pour eux-mêmes, à repousser l'invisible préjugé qui devait planer sur eux désormais et les envelopper tous dans le même soupçon. Si Molière a démenti cette intention par ménagement et par prudence, elle n'est pas moins visible dans la pièce, et tous les esprits prévoyants l'y ont signalée, depuis Bossuet et Fénelon, jusqu'aux critiques de nos jours. » (M. TIVIER, doy. de la fac. des lett. de Besançon, *Hist. de la Litt. franç.*)

[1] « J'ai beau regarder ; où donc sont-ils dans la pièce les « dévots de cœur », les vrais gens de bien dont le contraste serait indispensable, si Molière, sincèrement, n'avait voulu décrier que l'imposture ? Ni Périandre, ni Polydore, ni au-

cun de ces parangons de vertu ne se montrent ; ils restent dans la coulisse ; Orgon tout seul, avec Mme Pernelle, aussi folle que lui, demeure pour soutenir l'honneur du nom chrétien. Voilà où le dessein de Molière se découvre, où se déclare le parti pris de diffamer la piété. » (LOUIS VEUILLOT.) — Notez encore que cette belle tirade de Cléante, qui est d'ailleurs un chef-d'œuvre de notre poésie, n'était pas d'abord dans la pièce ; c'est une des « corrections » que l'auteur dut y faire pour la représentation publique de 1669, le Tartufe !

[2] « Molière lui-même parle ici, nous disent tous les commentateurs. Molière lui-même alors se condamne ; car ses œuvres ni son visage ne sont d'accord avec sa voix ; il se mêlait sans doute d'un peu d'autre chose que de bien vivre. Quelle comédie on ferait de son personnage ! Quel nouveau Tartufe, singulièrement et cruellement comique, si on

Jamais contre un pécheur ils n'ont d'acharnement;
Ils attachent leur haine au péché seulement,
Et ne veulent point prendre, avec un zèle extrême,
Les intérêts du Ciel plus qu'il ne veut lui-même :
Voilà mes gens, voilà comme il en faut user,
Voilà l'exemple enfin qu'il se faut proposer [1].

le représentait dans sa maison pleine d'adultères, jaloux, irrité, malheureux, dévoré des plus humiliants soucis du ménage, cherchant parmi cet ignoble vacarme un peu de paix, non pour réfléchir sur lui-même, non pour imaginer quelque moyen d'assainir sa vie et de purifier son cœur, mais tout simplement pour peindre l'infortune conjugale sous des couleurs plaisantes et pour réformer les abus de la dévotion! S'éloignerait-il beaucoup de la vérité, l'auteur qui, peignant les faux moralistes comme Molière a peint les faux dévots, nous les montrerait

_Prompts, vindicatifs, sans foi, pleins d'artifices,
Et sachant ajuster leur zèle avec leurs vices? »_ (LOUIS VEUILLOT.)

[1] _Leur dévotion est humaine... exemple qu'il se faut proposer._ — « Le bon apôtre! Nous les connaissons ses gens. Ce sont les chrétiens que tous les ennemis de l'Église supportent, qui laissent tout dire contre la loi de Dieu, tout faire contre la foi des peuples. On ne les voit pas surtout se dresser contre les gens d'esprit qui s'amusent à la satire. Parce que Dieu, en effet, est assez fort pour se protéger tout seul, et, de peur de le défendre plus qu'il ne veut lui-même, ce qui attire parfois de dures affaires, ils s'appliquent surtout à ne le défendre jamais. L'ennemi, bien armé, peut se donner carrière, ces fidèles ne lui feront point d'obstacle, et même, par charité pure, pour le convertir un jour, qui en doute? ils accepteront, ils achèteront son alliance, ils l'appuieront contre le zèle indiscret qui lui cherche querelle. Nous les connaissons très bien ; _notre siècle en expose à nos yeux_ une troupe considérable. Ce sont ceux que Bossuet, après Tertullien, qualifie de chrétiens en l'air, fidèles si l'on veut, _plerosque in ventum et, si placuerit, christianos._ Bourdaloue les accuse de lâcheté, l'Écriture les appelle des chiens muets... » (LOUIS VEUILLOT.)

— Tous les hommes, quelle que soit leur condition, doivent à Jésus-Christ, à sa loi, à son Église, un témoignage public de leur amour et de leur servitude. Dieu sans doute n'a pas besoin de nous pour se défendre; mais nous, ses créatures et ses enfants, nous avons le très glorieux devoir de prendre les intérêts de notre Créateur, de notre Sauveur, de notre Père. L'indifférence et la neutralité sont impossibles : _qui non est mecum, contra me est,_ dit Jésus-Christ.

— Nos jeunes lecteurs verront ici avec plaisir, croyons-nous, quelques _conseils_ que leur adresse le P. Olivaint sur cet important sujet : « Catholiques, ayons le courage de nos opinions, d'autant plus qu'il ne s'agit pas pour nous seulement d'opinions incertaines, variables, mais de convictions immuables, mais de principes contre lesquels rien ne prescrit. Nous avons la _vérité,_ et par conséquent le droit

Votre homme, à dire vrai, n'est pas de ce modèle.
C'est de fort bonne foi que vous vantez son zèle;
Mais par un faux éclat je vous crois ébloui.

réel, et non seulement apparent, de la produire au grand jour et de défendre ce que nous croyons. Ayons donc le *courage de la vérité*. Combien ne sont catholiques que pour eux-mêmes, au foyer, et non au dehors, dans les affaires publiques. Comme ils craignent d'agir, de réclamer, et, s'ils osent quelques protestations, qu'elles sont timides! Ils s'inquiètent bien de l'influence que la vérité a droit d'exercer sur le monde, des malheurs qu'entraînent pour la société le progrès du mal et l'absence du bien! Qu'ils appellent, si bon leur semble, cette conduite humilité, modestie, patience, charité chrétienne; au fond ils agissent de la sorte parce qu'ils n'ont pas le courage de la vérité.

(On les voit, pour tous soins, se mêler de bien vivre,

dit Cléante.) On dirait qu'ils s'avouent taillables à merci, qu'ils n'ont point de droits à faire valoir, qu'ils se reconnaissent incapables d'être citoyens. — On laisse faire... Mais c'est chose funeste que les bons se cachent ainsi. Dans les mauvais jours, la lâcheté des honnêtes gens, spécialement des catholiques, ne cause pas moins de désastres que la rage des méchants, dont elle fait la force. C'est l'histoire de la première Révolution. — Nos ennemis le savent bien, et ils y comptent. « Osez, disent-ils, osez! avec les « catholiques on peut oser tou- « jours! » — Il est temps que cela finisse; il est temps que les catholiques renoncent à ces habitudes de faiblesse et de lâcheté. Il le faut pour *la vérité, mal défendue si on l'enferme dans le cœur*, et qui ré-

clame le témoignage de la parole, parfois celui du sang. Le christianisme repose sur le témoignage, c'est-à-dire sur le courage de ceux qui le professent. Il le faut d'autant plus pour la vérité, que nous devrions être ses témoins, quand même chacun ne se ferait pas honneur de témoigner pour ses idées et ses opinions. Au fond la vérité seule a tous les droits, droits imprescriptibles, inaliénables, qui subsistent même alors que les peuples refusent de les reconnaître... Vous allez donc rendre témoignage à Jésus-Christ, à son Église, aux principes sauveurs. Soyez un chrétien qui ne se cache pas, qui use de ses droits de citoyen, qui ose se produire en public, qui ne renonce nullement à l'influence ou politique ou sociale. — Ne vous étonnez pas des résistances; soyez soldat. Évitez les violences, évitez les bassesses. Les unes ne nuisent pas moins que les autres. — Défiez-vous du zèle inconsidéré qui prétend justifier les exagérations et les colères. Mais prenez garde que, sous prétexte de charité, les ménagements pour les personnes ne tournent au détriment de la vérité. Pas d'exagérations, mais pas de concessions. Réclamez la liberté qu'on laisse à tous; sachez au besoin *la prendre;* trouvez le mot pour répondre; aux intolérants adversaires demandez compte de leurs opinions. Ils ne sont pas si forts, et il n'est pas si difficile de défendre contre eux l'Église. — Si vous faites ainsi vous serez homme devant les hommes, vous serez chrétien devant Dieu; et parce que vous n'aurez pas rougi de Jésus-

ORGON

Monsieur mon cher beau-frère, avez-vous tout dit?

CLÉANTE

Oui.

ORGON, s'en allant.

Je suis votre valet.

CLÉANTE

De grâce, un mot, mon frère.
Laissons là ce discours. Vous savez que Valère,
Pour être votre gendre a parole de vous.

ORGON

Oui.

CLÉANTE

Vous aviez pris jour pour un lien si doux.

ORGON

Il est vrai.

CLÉANTE

Pourquoi donc en différer la fête?

ORGON

Je ne sais.

CLÉANTE

Auriez-vous autre pensée en tête?

ORGON

Peut-être.

CLÉANTE

Vous voulez manquer à votre foi?

ORGON

Je ne dis pas cela.

CLÉANTE

Nul obstacle, je croi,
Ne peut vous empêcher d'accomplir vos promesses.

ORGON

Selon 1,

CLÉANTE

Pour dire un mot faut-il tant de finesses?
Valère, sur ce point, me fait vous visiter.

Christ, il ne rougira pas de vous, et il vous rendra, à son tour, témoignage. » (P. OLIVAINT, *Conseils aux jeunes gens*, p. 46 et suiv.)

Ce n'est pas tout à fait, on le voit, sur la « dévotion humaine et traitable », la doctrine de Cléante :

Votre homme, à dire vrai, n'est pas de ce modèle.

1 *Selon*, pris absolument, c'est-à-dire, selon les occurrences, selon les différentes dispositions des personnes : « Non pas toujours, me dit-il, c'est *selon*. » (PASC., *Prov.*, V.)

ORGON

Le Ciel en soit loué!

CLÉANTE

Mais que lui reporter?

ORGON

Tout ce qu'il vous plaira.

CLÉANTE

Mais il est nécessaire
De savoir vos desseins. Quels sont-ils donc?

ORGON

De faire

Ce que le Ciel voudra.

CLÉANTE

Mais parlons tout de bon.
Valère a votre foi; la tiendrez-vous, ou non?

ORGON

Adieu.

CLÉANTE, seul.

Pour son amour je crains une disgrâce,
Et je dois l'avertir de tout ce qui se passe [1].

---

[1] On peut remarquer ici un procédé de Molière, qui est de placer toujours un dialogue vif, rapide et animé, après les longues tirades où il fait raisonner ses personnages. Cfr *Misant.*, act. Ier, sc. III; act. IV, sc. IV, etc.

ACTE SECOND

SCÈNE I

ORGON, MARIANE

ORGON

Mariane.

MARIANE

Mon père?

ORGON

Approchez. J'ai de quoi
Vous parler en secret.

MARIANE, à Orgon, qui regarde dans un cabinet.

Que cherchez-vous?

ORGON

Je voi [1]
Si quelqu'un n'est point là qui pourrait nous entendre:
Car ce petit endroit est propre pour surprendre.
Or sus [2], nous voilà bien. J'ai, Mariane, en vous
Reconnu de tout temps un esprit assez doux,
Et de tout temps aussi vous m'avez été chère.

MARIANE

Je suis fort redevable à cet amour de père.

ORGON

C'est fort bien dit, ma fille, et, pour le mériter,
Vous devez n'avoir soin que de me contenter.

---

[1] *Vol.* V. ci-dessus, p. 61, n. 1.
[2] *Or sus.* Interjection pour encourager, assez rare aujourd'hui, mais fréquente dans l'ancienne langue: « Or sus, Mesdames, la compassion et la charité vous ont fait adopter ces petites créatures pour vos enfants... voyez si vous voulez les abandonner. » (S. VINC. DE PAUL, *Disc. aux dames de charité.*)

MARIANE

C'est où[1] je mets aussi ma gloire la plus haute.

ORGON

Fort bien. Que dites-vous de Tartufe, notre hôte?

MARIANE

Qui? moi?

ORGON

Vous. Voyez bien comme[2] vous répondrez.

MARIANE

Hélas[3]! j'en dirai, moi, tout ce que vous voudrez.

SCÈNE II

ORGON, MARIANE, DORINE entrant doucement, et se tenant
derrière Orgon sans être vue.

ORGON

C'est parler sagement. Dites-moi donc, ma fille,
Qu'en toute sa personne un haut mérite brille,
Qu'il touche votre cœur, et qu'il vous serait doux
De le voir, par mon choix, devenir votre époux.
Hé?   Mariane se recule avec surprise.

MARIANE

Hé?

[1] *C'est où*, c'est ce en quoi. Cet emploi de *où*, tenant lieu du pronom relatif, construit avec une préposition, est très fréquent au XVIIe siècle; l'usage n'en est pas aboli, mais il est un peu abandonné, et cet adverbe est le plus souvent remplacé par de lourdes locutions comme *auquel, dans lequel, sur lequel,* etc.:

Je romps le joug superbe où les Juifs
          sont soumis.   (*Esther*, III.)

« Il n'y avait que le seul point de la religion *où* leurs cœurs fussent désunis. » (Boss., *Reine d'Angleterre.*)

— Les exemples de cette construction abondent dans Molière.

[2] *Comme.* Voir ci-dessus, p. 55, n. 3.

[3] *Hélas!* Cette interjection n'exprime pas ici la douleur; mais elle est prise, comme on le fait souvent dans le style familier, en un sens vague et que détermine le contexte plutôt que l'étymologie (*heu! me lassum!*) *Hélas!* marque donc ici tout simplement l'embarras de Mariane. Cf. la Comtesse dans les *Plaideurs*, de Racine :

Hélas! que ce Monsieur est bon!
          (I, VII.)

ORGON

Qu'est-ce?

MARIANE

Plaît-il?

ORGON

Quoi?

MARIANE

Me suis-je méprise?

ORGON

Comment?

MARIANE

Qui voulez-vous, mon père, que je dise
Qui[1] me touche le cœur, et qu'il me serait doux
De voir, par votre choix, devenir mon époux?

ORGON

Tartufe.

MARIANE

Il n'en est rien, mon père, je vous jure.
Pourquoi me faire dire une telle imposture?

ORGON

Mais je veux que cela soit une vérité;
Et c'est assez pour vous que je l'aie arrêté.

MARIANE

Quoi! vous voulez, mon père...?

ORGON

Oui, je prétends, ma fille,
Unir par votre hymen Tartufe à ma famille.
Il sera votre époux, j'ai résolu cela;

Apercevant Dorine.

Et, comme sur vos vœux je... Que faites-vous là?
La curiosité qui vous presse est bien forte,
Ma mie, à nous venir[2] écouter de la sorte.

---

[1] *Qui voulez-vous que je dise qui,*
que je dise être celui qui... — Après
certains verbes, comme *dire, assu-*
rer, croire, vouloir, craindre, etc.,
le XVII° siècle construisait ainsi
sans difficulté les phrases avec
deux pronoms conjonctifs, l'un après
l'autre, ou avec un pronom conjonctif et la conjonction *que,* tandis
qu'on les couperait aujourd'hui par
une *incise,* ou que l'on continuerait
par une proposition infinitive:
Cet enfant sans parents *qu'elle dit*
qu'elle a vu.
        (RAC., *Athal.,* III, IV.)

— Elle chante victoire d'un ton au-
dacieux *que je crains qui* n'attire
quelque punition. (SÉVIGNÉ) —
Voici celle de mes tragédies *que je*
puis dire *que* j'ai le plus travaillée.
(RAC., *Préf. de Britan.*)

[2] *A nous venir,* au lieu de: *pour*

DORINE

Vraiment, je ne sais pas si c'est un bruit qui part
De quelque conjecture ou d'un coup de hasard,
Mais de ce mariage on m'a dit la nouvelle,
Et j'ai traité cela de pure bagatelle.

ORGON

Quoi donc? la chose est-elle incroyable?

DORINE

A tel point,
Que vous-même, Monsieur, je ne vous en crois point.

ORGON

Je sais bien le moyen de vous le faire croire.

DORINE

Oui, oui, vous nous contez une plaisante histoire!

ORGON

Je conte justement ce qu'on verra dans peu.

DORINE

Chansons¹!

ORGON

Ce que je dis, ma fille, n'est point jeu.

DORINE

Allez, ne croyez point à monsieur votre père;
Il raille.

ORGON

Je vous dis...

DORINE

Non, vous avez beau faire,
On ne vous croira point.

ORGON

A la fin, mon courroux...

DORINE

Eh bien, on vous croit donc; et c'est tant pis pour vous.
Quoi! se peut-il, Monsieur, qu'avec l'air d'homme sage,
Et cette large barbe au milieu du visage,
Vous soyez assez fou pour vouloir...?

---

venir; — acception fréquente de la préposition à au xvii⁰ siècle:

Pour de l'esprit, j'en ai sans doute, et du bon goût,
A juger sans étude et raisonner de tout.
(Misant., III, L.)

C'était une clameur à rendre les gens sourds. (La Font., Fabl.)

¹ Chansons! Exclamation familière pour signifier que ce qu'on dit n'est pas sérieux, qu'on n'en tient aucun compte. On dit au même sens: bagatelle! — Cf. Plaute :

Quo illum sequar? In Persas? nugas!..

3

ORGON

Écoutez :

Vous avez pris céans certaines privautés[1]
Qui ne me plaisent point ; je vous le dis, ma mie.

DORINE

Parlons sans nous fâcher, Monsieur, je vous supplie.
Vous moquez-vous des gens d'avoir fait ce complot?
Votre fille n'est point l'affaire d'un bigot[2].
Il a d'autres emplois auxquels il faut qu'il pense ;
Et puis, que vous apporte une telle alliance?
À quel sujet aller, avec tout votre bien,
Choisir un gendre gueux[3]?...

ORGON

Taisez-vous. S'il n'a rien,
Sachez que c'est par là qu'il faut qu'on le révère.
Sa misère est sans doute une honnête misère ;
Au-dessus des grandeurs elle doit l'élever ;
Puisque enfin de son bien il s'est laissé priver
Par son trop peu de soin des choses temporelles,
Et sa puissante attache[4] aux choses éternelles[5].

---

[1] En effet, et l'on peut voir ici que le portrait de la « maîtresse fille », tracé plus haut par Mme Pernelle, n'est point du tout chargé, c'est bien

Une fille suivante
Un peu trop forte en gueule et fort impertinente.

Mais ce langage est-il bien vraisemblable, même adressé à un Orgon?

[2] *Bigot*, homme d'une piété sincère, mais étroite, et qui se perd dans des minuties. C'est ici un terme de mépris.

[3] *Gueux*, nécessiteux, qui n'a pas de quoi vivre selon son état ou ses désirs :

Riche, *gueux*, triste ou gai, je veux faire des vers. (BOIL., *Sat.* VII.)

D'après Littré, ce serait le même mot que *queux* (coquus), marmiton, lequel serait passé par dénigrement aux mendiants, aux mauvais sujets.

[4] *Attache*, attachement :

D'ailleurs pour cet enfant leur *attache* est visible. (*Athal.*, III, III.)

« Elle met en Dieu seul son *attache* et sa confiance. » (Boss., *Lett.*)

[5] *L'attache aux choses éternelles* n'est nullement opposée au *soin des choses temporelles*. — « Dieu, dit saint François de Sales, commanda en la création aux plantes de porter leurs fruits chacune selon son genre; ainsi commande-t-il aux chrétiens, qui sont les plantes vivantes de son Église, qu'ils produisent des fruits de dévotion, chacun selon sa qualité et vocation. La dévotion doit être différemment exercée par le gentilhomme, par l'artisan, par le valet, par le prince, par la veuve, par la fille, par la mariée; et non seulement cela, mais il faut accommoder la pratique de la dévotion aux forces, aux *affaires*, et aux *devoirs* de chaque

Mais mon secours pourra lui donner les moyens
De sortir d'embarras et rentrer dans ses biens.
Ce sont fiefs qu'à bon titre au pays on renomme;
Et, tel que l'on le voit, il est bien gentilhomme.

DORINE

Oui, c'est lui qui le dit; et cette vanité,
Monsieur, ne sied pas bien avec la piété.
Qui d'une sainte vie embrasse l'innocence,
Ne doit point tant prôner son nom et sa naissance;
Et l'humble procédé de la dévotion
Souffre mal les éclats de cette ambition [1].
A quoi bon cet orgueil?... Mais ce discours vous blesse
Parlons de sa personne, et laissons sa noblesse.
Ferez-vous possesseur, sans quelque peu d'ennui,
D'une fille comme elle, un homme comme lui?
Et ne devez-vous pas songer aux bienséances,
Et de cette union prévoir les conséquences?
Car qui donne à sa fille un homme qu'elle hait

---

particulier. Je vous prie, Philothée, serait-il à propos que l'évêque voulût être solitaire comme les chartreux? Et si les mariés ne voulaient rien amasser comme les capucins, si l'artisan était tout le jour à l'Église comme les religieux, cette dévotion ne serait-elle pas ridicule, déréglée et insupportable? Cette faute néanmoins arrive bien souvent; et le monde qui ne discerne pas *ou ne veut pas discerner* entre la dévotion et indiscrétion de ceux qui pensent être dévots, murmure et blâme la dévotion, laquelle néanmoins ne peut mais de ces désordres. » (*Introd. à la vie dév.*, Ire p., ch. III.) Et ailleurs le même saint dit encore à ce propos : « Soyez *soigneuse* et *diligente* en toutes les affaires que vous aurez en charge, Philothée; car Dieu, vous les ayant confiées, veut que vous en ayez *un grand soin;* mais, s'il est possible, n'en soyez pas en sollicitude et souci, c'est-à-dire, ne les entreprenez pas avec inquiétude,

anxiété et ardeur, ne vous empressez point à la besogne, car toute sorte d'empressement trouble la raison et le jugement, et nous empêche de bien faire la chose à laquelle nous nous empressons. » (*Ibid.*, IIIe p., ch. X.)

[1] « Est-ce bien la soubrette, la *forte en gueule* qui peut tenir ce discours si châtié, et ne serait-il pas mieux dans la bouche de l'éloquent Cléante ? » (LOUIS VEUILLOT.) — Écoutons encore ici la doctrine de saint François de Sales: « La poursuite et amour des honneurs commence à nous rendre méprisables et vitupérables. Les esprits bien nés ne s'amusent pas à ces menus fatras de rang, d'honneurs, de salutations; ils ont d'autres choses à faire. Certes chacun *peut entrer en son rang*, s'y tenir sans violer l'humilité, pourvu que cela se fasse négligemment et sans contention... Ceux qui prétendent à la vertu ne laissent pas de prendre leurs rangs et les honneurs qui leur

Est responsable au Ciel[1] des fautes qu'elle fait.
Songez à quels périls votre dessein vous livre.

ORGON

Je vous dis qu'il me faut apprendre d'elle à vivre!

DORINE

Vous n'en feriez que mieux de suivre mes leçons.

ORGON

Ne nous amusons point, ma fille, à ces chansons :
Je sais ce qu'il vous faut, et je suis votre père.
J'avais donné pour vous ma parole à Valère;
Mais, outre qu'à jouer on dit qu'il est enclin,
Je le soupçonne encor d'être un peu libertin[2].
Je ne remarque point qu'il hante les églises.

DORINE

Voulez-vous qu'il y coure à vos heures précises,
Comme ceux qui n'y vont que pour être aperçus?

ORGON

Je ne demande point votre avis là-dessus.
Enfin avec le ciel l'autre est le mieux du monde,
Et c'est une richesse à nulle autre seconde.
Cet hymen de tous biens comblera vos désirs.
Il sera tout confit en douceurs et plaisirs.
Ensemble vous vivrez, dans vos ardeurs fidèles,
Comme deux vrais enfants, comme deux tourterelles :
A nul fâcheux débat jamais vous n'en viendrez,
Et vous ferez de lui tout ce que vous voudrez.

DORINE

Elle? Elle n'en fera qu'un sot[3], je vous assure.

ORGON

Ouais! quels discours!

sont dus, pourvu toutefois que cela ne leur coûte pas beaucoup de soin et d'attention, et que ce soit sans en être chargés de trouble, d'inquiétude, de disputes et contentions. Je ne parle pas néanmoins de ceux desquels la dignité regarde le public, ni de certaines occasions particulières qui tirent une grande conséquence; car en cela il faut que chacun conserve ce qui lui appartient, avec une prudence et discrétion qui soit accompagnée de charité et de courtoisie. » (*Introd. à la vie dév.*, III° p., ch. IV.)

[1] *Au Ciel*, envers le Ciel. Les acceptions de la préposition étaient très variées et très étendues au XVII° siècle.

[2] *Libertin*, irréligieux. Voir ci-dessus, p. 61, n. 2.

[3] *Sot* a ici le sens de mari trompé et gouverné par sa femme.

DORINE

Je dis qu'il en a l'encolure,
Et que son ascendant, Monsieur, l'emportera,
Sur toute la vertu que votre fille aura.

ORGON

Cessez de m'interrompre, et songez à vous taire,
Sans mettre votre nez où vous n'avez que faire.

DORINE

Je n'en parle, Monsieur, que pour votre intérêt.

Elle l'interrompt toujours au moment qu'il se retourne pour parler à sa fille.

ORGON

C'est prendre trop de soin; taisez-vous, s'il vous plaît.

DORINE

Si l'on ne vous aimait...

ORGON

Je ne veux pas qu'on m'aime [1].

DORINE

Et je veux vous aimer, Monsieur, malgré vous-même.

ORGON

Ah!

DORINE

Votre honneur m'est cher, et je ne puis souffrir
Qu'aux brocards [2] d'un chacun vous alliez vous offrir.

ORGON

Vous ne vous tairez point?

DORINE

C'est une conscience
Que de vous laisser faire une telle alliance.

---

[1] Cf. Racine :

Souffrez que la raison enfin vous persuade ;
Et pour votre santé...

DANDIN

Je veux être malade.
(*Plaid.*, I, IV.)

[2] *Brocards*, paroles mordantes, traits piquants et toujours blessants.

Vous n'entendez partout qu'injurieux
brocards.   (BOIL., *Ép.* X.)

Mot d'origine historique. Au moyen âge, dans la langue des écoles, *brocard* désignait les sentences de droit contenues dans un ouvrage que compila, dans le XIᵉ siècle, Burchard, évêque de Worms. Burchard ou *Brocard* donna son nom au livre, *burcardus*, aux sentences brocardiques ; et les sentences mêmes ont donné, par extension et plaisanterie, le leur aux *brocards*, paroles moqueuses. (LITTRÉ.) — On trouve dans saint François de Sales : « Un jeune gentilhomme, ou une jeune dame, qui ne s'abandonnera pas au dérèglement d'une troupe débauchée, à parler, jouer, danser, boire, vêtir, sera *brocardé* et censuré par les autres, et sa modestie sera nommée ou bigoterie ou afféterie. (*Introd.*, IIIᵉ p., ch. VI.)

ORGON

Te tairas-tu, serpent, dont les traits effrontés...?

DORINE

Ah! vous êtes dévot, et vous vous emportez!!

ORGON

Oui; ma bile s'échauffe à toutes ces fadaises;
Et, tout résolument, je veux que tu te taises.

DORINE

Soit. Mais, ne disant mot, je n'en pense pas moins.

---

[1] *Irascimini et nolite peccare.*
(Ps. IV, 5.) — Toute colère n'est
donc pas incompatible avec la dévotion; mais naturellement on a
fait de cette impertinence un proverbe à l'adresse des pauvres dévots, afin de mieux prouver encore
sans doute que Molière n'en voulait
qu'à l'hypocrisie. Ceux dont la colère et « l'emportement » sont les
moindres défauts, et pour qui la
dévotion consiste à n'avoir aucune
religion, si ce n'est peut-être celle
de l'honnête homme qui n'a ni tué
ni volé, — et encore! — ne sont
pas tendres à l'égard des personnes
pieuses: la perfection absolue, voilà
ce qu'ils exigent d'emblée de ces
dévots tant honnis, sauf, bien entendu, à s'accorder à eux-mêmes la
dispense de toute perfection. —
« Le monde nous regarde toujours
de mauvais œil, dit saint François
de Sales; jamais nous ne pouvons
lui être agréables. Il agrandit nos
imperfections et publie que ce sont
des péchés; de nos péchés véniels, il
en fait de mortels; et nos péchés
d'infirmité, il les convertit en péchés de malice. Au lieu que la charité ne pense point de mal, au contraire, le monde pense toujours
mal; et quand il ne peut accuser
nos actions, il accuse nos intentions. » (*Introd.*, IV* p., ch. I.) —
Ces impertinences ou autres semblables de nos adversaires ne doivent
point empêcher le jeune homme
chrétien, « qui ne rougit pas de
l'Évangile, » de défendre sa foi,
sans emportement et sans colère,
bien entendu, mais avec force et
courage. « Ne discutez pas, dit le
P. Olivaint; vous ne ramènerez personne par la discussion. Exposez la
vérité clairement, simplement; dites: Voilà ce que je pense, jugez.
Mais s'il faut discuter, eh bien,
prenez l'offensive, ne vous laissez
pas toujours attaquer; interrogez à
votre tour. Dans un duel, quand il
y a soleil et poussière, on tire du
moins au sort pour savoir qui aura
la mauvaise place; on ne dit pas:
« À vous d'avoir le soleil dans les
« yeux; mettez-vous là que je vous
« envoie une balle dans le cœur. »
Et dans ce duel d'idées, il y a qua-
rante-neuf catholiques sur cinquante
qui accepteront la mauvaise place.
Mais attaquez donc! Dites: « Vous
« qui voulez me prouver que j'ai
« tort, voyons; enseignez-moi la
« vérité que vous prétendez tenir.
« Expliquez-moi ceci, définissez-
« moi cela. » Vous voyez un homme
qui bat en retraite, qui se trouble,
qui vous répond: « Bah! bah! bah!»
qui se fâche et se dit à lui-même:
« On me demande des définitions:
« sauvons-nous! » (*Conseils aux
jeunes gens*, p. 19.)

ORGON

Pense, si tu le veux ; mais applique tes soins

A sa fille.

A ne m'en point parler, ou... Suffit. Comme sage,
J'ai pesé mûrement toutes choses.

DORINE, à part.

J'enrage

Elle se tait lorsqu'il tourne la tête.

De ne pouvoir parler.

ORGON

Sans être damoiseau,

Tartufe est fait de sorte...

DORINE, à part.

Oui, c'est un beau museau.

ORGON

Que, quand tu n'aurais même aucune sympathie
Pour tous les autres dons...

DORINE, à part.

La voilà bien lotie !

ORGON

Il se tourne du côté de Dorine, et, les bras croisés, il la regarde en face.

Donc, de ce que je dis, on ne fera nul cas ?

DORINE

De quoi vous plaignez-vous ? Je ne vous parle pas.

ORGON

Qu'est-ce que tu fais donc ?

DORINE

Je me parle à moi-même.

ORGON

A part.

Fort bien. Pour châtier son insolence extrême,
Il faut que je lui donne un revers de ma main.

*Il se met en posture de donner un soufflet à Dorine, et, à chaque mot qu'il dit
à sa fille, il se tourne pour regarder Dorine, qui se tient droite sans parler.*

Ma fille, vous devez approuver mon dessein...
Croire que le mari... que j'ai su vous élire...

A Dorine.

Que ne te parles-tu ?

DORINE

Je n'ai rien à me dire.

ORGON

Encore un petit mot.

DORINE

Il ne me plaît pas, moi.

ORGON

Certes, je t'y guettais.

DORINE

Quelque sotte[1], ma foi!...

ORGON

Enfin, ma fille, il faut payer d'obéissance,
Et montrer pour mon choix entière déférence.

DORINE, en s'enfuyant.

Je me moquerais fort de prendre un tel époux[2].

ORGON, après avoir manqué de donner un soufflet à Dorine.

Vous avez là, ma fille, une peste avec vous,
Avec qui, sans péché, je ne saurais plus vivre.
Je me sens hors d'état maintenant de poursuivre;
Ses discours insolents m'ont mis l'esprit en feu;
Et je vais prendre l'air pour me rasseoir un peu[3].

---

[1] *Quelque sotte.* Locution elliptique : *quelque sotte* s'y prendrait,
mais moi... — Molière a dit de
même encore :

LÉLIE.
Tu te vas emporter d'un courroux sans
égal.
MASCARILLE.
Moi, Monsieur? *quelque sot!* la colère
fait mal.   (*Étourdi*, VII, VII.)

[2] C'est toujours la même idée que
poursuit Dorine. *Je me moquerais,*
je trouverais fort ridicule de... *Se
moquer* a ici le sens de *refuser en
ridiculisant,* ne pas tenir à... Molière a répété ailleurs cette expression dans ce même sens : « Je veux
lui donner pour époux un homme
aussi riche que sage; et la coquine
me dit au nez qu'elle *se moque* de
le prendre. » (*Avare*, I, v...)

[3] *Rasseoir,* calmer :
C'est ce qui doit *rasseoir* votre âme ef-
farouchée.   (*Misant.*, II, I.)

Cette scène, — que l'on pourra
bien pourtant trouver un peu char-
gée, et, par suite, un peu trop invraisemblable aussi, entre un maître
de maison, si Orgon soit-il, et une
simple servante, — présente encore
un des procédés comiques de Molière. Dorine feint d'abord de ne pas
croire au dessein d'Orgon, puis elle
le combat par des raisons sérieuses
et des railleries, jusqu'à le faire
mettre en colère; alors elle lui dé-
coche un argument *ad hominem* :
« Ah! vous êtes dévot...» — Dans
le *Malade imaginaire,* il y a une
scène semblable. Toinette procède
comme ici Dorine vis-à-vis de son
maître, et, après l'avoir irrité, finit
par lui dire d'une façon analogue :
« Doucement, vous ne songez pas
que vous êtes malade. » (Act. I,
sc. v.)

SCÈNE III

MARIANE, DORINE

DORINE

Avez-vous donc perdu, dites-moi, la parole?
Et faut-il qu'en ceci je fasse votre rôle?
Souffrir qu'on vous propose un projet insensé,
Sans que du moindre mot vous l'ayez repoussé!

MARIANE

Contre un père absolu que veux-tu que je fasse?

DORINE

Ce qu'il faut pour parer une telle menace.

MARIANE

Quoi?

DORINE

     Lui dire qu'un cœur n'aime point par autrui;
Que vous vous mariez pour vous, non pas pour lui;
Qu'étant celle pour qui se fait toute l'affaire,
C'est à vous, non à lui, que le mari doit plaire;
Et que si son Tartufe est pour lui si charmant,
Il le peut épouser sans nul empêchement[1].

MARIANE

Un père, je l'avoue, a sur nous tant d'empire,
Que je n'ai jamais eu la force de rien dire[2].

DORINE

Mais raisonnons. Valère a fait pour vous des pas :
L'aimez-vous, je vous prie, ou ne l'aimez-vous pas?

---

[1] Il faut convenir que le respect des parents et l'obéissance filiale pourraient être traités d'une manière un peu moins leste, surtout lorsqu'on prétend corriger non seulement l'hypocrisie, mais la dévotion.

[2] L'obéissance chrétienne n'empêche nullement les représentations respectueuses des enfants, comme aussi la religion enseigne aux parents que s'ils doivent guider leurs enfants dans le choix d'un état de vie, ils ne peuvent nullement les violenter au gré d'un caprice ou d'un intérêt personnel. Finalement, en fait de vocation, l'homme ne relève que de Dieu et de sa conscience.

MARIANE

Ah! qu'envers mon amour ton injustice est grande,
Dorine! Me dois-tu faire cette demande?
T'ai-je pas [1] là-dessus ouvert cent fois mon cœur?
Et sais-tu pas pour lui jusqu'où va mon ardeur?

DORINE

Que sais-je si le cœur a parlé par la bouche,
Et si c'est tout de bon que cet amant vous touche?

MARIANE

Tu me fais un grand tort, Dorine, d'en douter;
Et mes vrais sentiments ont su trop éclater.

DORINE

Enfin, vous l'aimez donc?

MARIANE

Oni, d'une ardeur extrême.

DORINE

Et, selon l'apparence, il vous aime de même?

MARIANE

Je le crois.

DORINE

Et tous deux brûlez également
De vous voir mariés ensemble?

MARIANE

Assurément.

DORINE

Sur cette autre union quelle est donc votre attente?

MARIANE

De me donner la mort si l'on me violente [2].

DORINE

Fort bien. C'est un recours où je ne songeais pas :
Vous n'avez qu'à mourir pour sortir d'embarras.
Le remède, sans doute, est merveilleux. J'enrage
Lorsque j'entends tenir ces sortes de langage.

---

[1] *T'ai-je pas.* Voir ci-dessus, p. 50, n. 3.

[2] La voilà devenue bien vive cette petite sotte qui tout à l'heure, en digne fille d'Orgon qu'elle est, n'a pas eu le mot à dire devant l'absurde proposition de son père. Heureusement ce n'est ici qu'un mot de roman, et elle se gardera bien de faire ce qu'elle annonce, sinon *par métaphore*, comme disait Boileau. Du reste, ce n'est pas nous qui lui trouverons à redire. Mais Mᵐᵉ Pernelle avait donc bien raison, au début, quand elle disait de la « doucette » :

...Il n'est, comme l'on dit, pire eau que
    l'eau qui dort.

MARIANE

Mon Dieu! de quelle humeur, Dorine, tu te rends!
Tu ne compatis point au déplaisir des gens.

DORINE

Je ne compatis point à qui dit des sornettes,
Et, dans l'occasion, mollit comme vous faites.

MARIANE

Mais, que veux-tu? si j'ai de la timidité...

DORINE

Mais l'amour dans un cœur veut de la fermeté.

MARIANE

Mais n'en gardé-je point pour les feux de Valère?
Et n'est-ce pas à lui de m'obtenir d'un père?

DORINE

Mais quoi! si votre père est un bourru fieffé[1],
Qui s'est de son Tartufe entièrement coiffé,
Et manque à l'union qu'il avait arrêtée,
La faute à votre amant doit-elle être imputée?

MARIANE

Mais par un haut refus et d'éclatants mépris
Ferai-je, dans mon choix, voir un cœur trop épris?
Sortirai-je pour lui, quelque éclat dont il brille,
De la pudeur du sexe et du devoir de fille?
Et veux-tu que mes feux par le monde étalés...?

DORINE

Non, non, je ne veux rien. Je vois que vous voulez
Être à monsieur Tartufe; et j'aurais, quand j'y pense,
Tort de vous détourner d'une telle alliance.
Quelle raison aurais-je à combattre vos vœux?
Le parti de soi-même est fort avantageux.
Monsieur Tartufe! oh! oh! n'est-ce rien qu'on propose?
Certes, monsieur Tartufe, à bien prendre la chose,
N'est pas un homme, non, qui se mouche du pied[2];

---

[1] *Bourru.* Ce mot avait simplement alors le sens de *bizarre, fantasque.* — *Fieffé,* terme plaisant emprunté au langage de la féodalité; il se joint à une appellation injurieuse qu'il renforce, comme si cette appellation était un *fief* dont on décore la personne.

Et vous, *filous fieffés,* ou je me trompe fort,
Mettez, pour me jouer, vos flûtes mieux
   d'accord.   (*Étourdi,* I, IV.)

[2] « Un des tours d'agilité familiers aux anciens saltimbanques consistait à saisir le pied à deux mains et à se le passer vivement sous le nez. De là cette façon de parler triviale, pour dire un homme grave, digne, considérable : C'est un homme qui ne se mouche pas du pied. »
                                (LITTRÉ)

Et ce n'est pas peu d'heur[1] que d'être sa moitié.
Tout le monde déjà de gloire le couronne;
Il est noble chez lui[2], bien fait de sa personne;
Il a l'oreille rouge et le teint bien fleuri :
Vous vivrez trop contente avec un tel mari.

MARIANE

Mon Dieu!...

DORINE

Quelle allégresse aurez-vous dans votre âme
Quand d'un époux si beau vous vous verrez la femme!

MARIANE

Oh! cesse, je te prie, un semblable discours;
Et contre cet hymen ouvre-moi du secours.
C'en est fait, je me rends, et suis prête à tout faire.

DORINE

Non, il faut qu'une fille obéisse à son père,
Voulût-il lui donner un singe pour époux[3].
Votre sort est fort beau : de quoi vous plaignez-vous?
Vous irez par le coche en sa petite ville,
Qu'en oncles et cousins vous trouverez fertile,
Et vous vous plairez fort à les entretenir.
D'abord chez le beau monde on vous fera venir.
Vous irez visiter, pour votre bienvenue,
Madame la baillive et madame l'élue[4],
Qui d'un siège pliant[5] vous feront honorer.

[1] *Heur.* Mot de l'ancienne langue et que regrettait la Bruyère : « Heur, dit-il, se plaçait où *bonheur* ne saurait entrer; il a fait *heureux*, qui est si français, et il a cessé de l'être; si quelques poètes s'en sont servis, c'est moins par choix que par contrainte de la mesure. » (LA BRUY., *De quelques usages*.)

[2] *Chez lui*, il est de famille noble. Location du langage familier, comme on dit encore : *Il est bien de chez lui*, pour dire de quelqu'un qu'il est riche.

[3] Même observation que ci-dessus; la « maitresse fille », élevée à l'école du grand réformateur de la dévotion, ne respecte guère, ce semble, le quatrième commandement.

Cette raillerie inconvenante dépare cette tirade, où, comme dans la précédente, il y a tant de sel.

[4] *Baillive, élue.* Le bailli (du verbe *baillir* ou *bailler*, tenir, gouverner) était un officier royal qui rendait la justice dans un certain ressort, et dont les appellations ressortissaient immédiatement au parlement. Les *élus* étaient les juges des tribunaux de l'élection où l'on jugeait en première instance tout ce qui avait rapport aux terres, aux tailles, gabelles. On les appelait ainsi parce que, à l'origine de cette institution, ils étaient choisis par *élection* pour imposer les tailles.

[5] *Siège pliant*, qui se plie en deux, et qui n'a ni bras ni dossier.

Là, dans le carnaval vous pourrez espérer
Le bal et la grand bande [1], à savoir, deux musettes,
Et parfois Fagotin [2] et les marionnettes,
Si pourtant votre époux...

MARIANE

Ah! tu me fais mourir.
De tes conseils plutôt songe à me secourir.

DORINE

Je suis votre servante.

MARIANE

Hé! Dorine, de grâce...

DORINE

Il faut, pour vous punir, que cette affaire passe.

MARIANE

Ma pauvre fille!

DORINE

Non.

MARIANE

Si mes vœux déclarés...

DORINE

Point. Tartufe est votre homme, et vous en tâterez.

MARIANE

Tu sais qu'à toi toujours je me suis confiée :
Fais-moi...

DORINE

Non, vous serez, ma foi, tartufiée [3].

Ce siège, de rang secondaire, est ici opposé, par ironie, aux fauteuils dont on se servait dans la bonne compagnie, mais que ne possédait pas encore la petite bourgeoisie de province. « Enfin il fut décidé que le Dauphin n'aurait qu'un *siège pliant* devant le roi d'Angleterre, mais qu'il aurait un fauteuil devant la reine. (Mme DE LA FAYETTE, *Mém.*)

[1] *Grand bande, grand* sans apostrophe. L'adjectif *grand* et tous ceux qui sont tirés de la déclinaison en *is* des Latins ont été primitivement des adjectifs communs; c'est pour cela qu'on disait *grand peine*, et non *grande peine*; *grand mère, mère grand*, qui se trouve encore dans les *Contes* de Perrault. Par la même raison, on dit encore au palais: *lettres royaux*. Ce souvenir de l'ancienne langue se retrouve aussi dans l'expression *fonts baptismaux* (fontaines baptismales).

— *Bande* se disait d'un orchestre. Il y avait à la cour la bande des Vingt-Quatre, ou les Grands violons de la chambre du roi, et la *petite* bande, ou les *Petits* violons, dont Lulli était le chef.

[2] *Fagotin*, nom d'un singe qui amusait tout Paris de ses tours.

[3] Mot de l'invention de Molière,

MARIANE

Eh bien, puisque mon sort ne saurait t'émouvoir,
Laisse-moi désormais toute à mon désespoir.
C'est de lui que mon cœur empruntera de l'aide;
Et je sais de mes maux l'infaillible remède.

Mariane veut s'en aller.

DORINE

Hé! là, là, revenez. Je quitte mon courroux.
Il faut, nonobstant tout, avoir pitié de vous.

MARIANE

Vois-tu, si l'on m'expose à ce cruel martyre,
Je te le dis, Dorine, il faudra que j'expire.

DORINE

Ne vous tourmentez point. On peut adroitement
Empêcher... Mais voici Valère, votre amant.

SCÈNE IV

VALÈRE, MARIANE, DORINE

VALÈRE

On vient de débiter, Madame, une nouvelle
Que je ne savais pas, et qui sans doute est belle [1].

MARIANE

Quoi?

VALÈRE

Que vous épousez Tartufe.

---

qui a fabriqué de même *désoster* (Sosie), *désamphytrionner* (Amphytrion).

— On peut suivre encore dans toute cette scène un autre procédé familier à Molière. Un personnage, dans un moment d'embarras ou de mauvaise humeur, feint une résolution ou des sentiments qu'il n'a pas. Un confident ou une confidente abondent dans son sens plus qu'il ne voudrait, et alors c'est à son tour de les combattre et de manifester ainsi lui-même ses pensées et ses sentiments véritables.

[1] C'est-à-dire tellement invraisemblable qu'il n'est pas possible d'y croire.

MARIANE
                              Il est certain
Que mon père s'est mis en tête ce dessein.

VALÈRE
Votre père, Madame...

MARIANE
                    A changé de visée :
La chose vient par lui de m'être proposée.

VALÈRE
Quoi! sérieusement?

MARIANE
                    Oui, sérieusement.
Il s'est pour cet hymen déclaré hautement.

VALÈRE
Et quel est le dessein où votre âme s'arrête,
Madame?

MARIANE
              Je ne sais 2.

VALÈRE
                    La réponse est honnête.
Vous ne savez?

MARIANE
        Non.

VALÈRE
          Non?

MARIANE
                Que me conseillez-vous?

VALÈRE
Je vous conseille, moi, de prendre cet époux.

MARIANE
Vous me le conseillez?

---

1 *Visée.* Au figuré, dessein, intention :

Prenez *visée* ailleurs, et troussez-moi
        bagage.   (MOL, *Éc. des mar.*)

2 Mariane est blessée de la légèreté avec laquelle Valère lui apporte la « belle nouvelle », au moment où elle en est si peinée. De là sa froide réponse dont Valère est piqué, et la petite brouillerie qui va s'ensuivre, mais qui ne sera pas, — que l'on se rassure, — de longue durée. Les commentateurs trouvent cette scène d'un comique charmant. — Molière traite, disent-ils, avec une sorte de prédilection ce genre de querelles et de réconciliations. Il paraît qu'il se jouait lui-même alors; car les querelles étaient fréquentes dans son triste ménage, et pour des motifs, hélas! bien humiliants ; mais les réconciliations étaient moins promptes, et surtout moins sincères que celle-ci.

VALÈRE

Oui.

MARIANE

Tout de bon ?

VALÈRE

Sans doute.

Le choix est glorieux, et vaut bien qu'on l'écoute.

MARIANE

Eh bien, c'est un conseil, Monsieur, que je reçois.

VALÈRE

Vous n'aurez pas grand peine[1] à le suivre, je crois.

MARIANE

Pas plus qu'à le donner en a souffert votre âme.

VALÈRE

Moi, je vous l'ai donné pour vous plaire, Madame.

MARIANE

Et moi, je le suivrai pour vous faire plaisir.

DORINE, se retirant dans le fond du théâtre.

Voyons ce qui pourra de ceci réussir[2].

VALÈRE

C'est donc ainsi qu'on aime? Et c'était tromperie
Quand vous...

MARIANE

Ne parlons point de cela, je vous prie.
Vous m'avez dit tout franc que je dois accepter
Celui que pour époux on me veut présenter;
Et je déclare, moi, que je prétends le faire,
Puisque vous m'en donnez le conseil salutaire.

VALÈRE

Ne vous excusez point sur mes intentions :
Vous aviez déjà pris vos résolutions,
Et vous vous saisissez d'un prétexte frivole
Pour vous autoriser à manquer de parole.

MARIANE

Il est vrai, c'est bien dit.

---

[1] *Grand peine*. Voir ci-dessus, p. 85, n. 1.

[2] *Réussir*, advenir, dans un sens indéterminé. « Il faut savoir ce qui *réussira* de cette conspiration. »

(CORN., Ier disc.) — *Succès* se disait de même alors au sens général et indéterminé *d'issue* bonne ou mauvaise :

*J'ignore quel succès le sort garde à mes
armes.* (RAC, *Androm.*, III, VIII.)

VALÈRE

Sans doute; et votre cœur
N'a jamais eu pour moi de véritable ardeur.

MARIANE

Hélas[1]! permis à vous d'avoir cette pensée.

VALÈRE

Oui, oui, permis à moi; mais mon âme offensée
Vous préviendra peut-être en un pareil dessein;
Et je sais où porter et mes vœux et ma main.

MARIANE

Ah! je n'en doute point; et les ardeurs qu'excite
Le mérite...

VALÈRE

Mon Dieu, laissons là le mérite[2]:
J'en ai fort peu, sans doute, et vous en faites foi.
Mais j'espère aux bontés qu'une autre aura pour moi;
Et j'en sais de qui l'âme, à ma retraite ouverte,
Consentira, sans honte, à réparer ma perte.

MARIANE

La perte n'est pas grande; et de ce changement
Vous vous consolerez assez facilement.

VALÈRE

J'y ferai mon possible; et vous le pouvez croire.
Un cœur qui nous oublie engage notre gloire[3];
Il faut à l'oublier mettre aussi tous nos soins:
Si l'on n'en vient à bout, on le doit feindre au moins;
Et cette lâcheté jamais ne se pardonne,
De montrer de l'amour pour qui nous abandonne.

MARIANE

Ce sentiment, sans doute, est noble et relevé.

VALÈRE

Fort bien; et d'un chacun il doit être approuvé.
Hé quoi! vous voudriez qu'à jamais dans mon âme
Je gardasse pour vous les ardeurs de ma flamme?
Et vous visse, à mes yeux, passer à d'autres bras,
Sans mettre ailleurs un cœur dont vous ne voulez pas?

---

[1] *Hélas!* Voir ci-dessus, p. 71, n. 3.

[2] Cf. *Misant.*, III, VII:

ARSINOÉ
Et le mérite enfin que vous nous faites voir
Devrait...

ALCESTE
Mon Dieu! laissons mon mérite, de grâce;
De quoi voulez-vous là que la cour s'embarrasse.

[3] *Gloir'*, honneur, surtout ici amour-propre; de là l'adjectif *glorieux*, vaniteux.

MARIANE

Au contraire : pour moi, c'est ce que je souhaite;
Et je voudrais déjà que la chose fût faite.

VALÈRE

Vous le voudriez?

MARIANE

Oui.

VALÈRE

C'est assez m'insulter,
Madame, et de ce pas je vais vous contenter.

Il fait un pas pour s'en aller.

MARIANE

Fort bien.

VALÈRE, revenant.

Souvenez-vous au moins que c'est vous-même
Qui contraignez mon cœur à cet effort extrême.

MARIANE

Oui.

VALÈRE, revenant encore.

Et que le dessein que mon âme conçoit
N'est rien qu'à votre exemple.

MARIANE

A mon exemple, soit.

VALÈRE, en sortant.

Suffit : vous allez être à point nommé servie.

MARIANE

Tant mieux.

VALÈRE, revenant encore.

Vous me voyez, c'est pour toute la vie.

MARIANE

A la bonne heure.

VALÈRE, se retournant lorsqu'il est prêt à sortir.

Hé?

MARIANE

Quoi?

VALÈRE

Ne m'appelez-vous pas [1]?

MARIANE

Moi? vous rêvez.

----

[1] Trait d'un plaisant comique.

VALÈRE

Eh bien, je poursuis donc mes pas.

Adieu, Madame.

Il s'en va lentement.

MARIANE

Adieu, Monsieur.

DORINE, à Mariane.

Pour moi, je pense

Que vous perdez l'esprit par cette extravagance;
Et je vous ai laissé tout du long quereller [1],
Pour voir où tout cela pourrait enfin aller.
Holà, seigneur Valère.

Elle arrête Valère par le bras.

VALÈRE, feignant de résister [2].

Eh! que veux-tu, Dorine?

DORINE

Venez ici.

VALÈRE

Non, non; le dépit me domine.
Ne me détourne point de ce qu'elle a voulu.

DORINE

Arrêtez.

VALÈRE

Non; vois-tu, c'est un point résolu.

DORINE

Ah!

MARIANE, à part.

Il souffre à me voir, ma présence le chasse,
Et je ferais bien mieux de lui quitter la place [3].

---

1 Je vous ai laissé quereller.
Laissé invariable. C'était l'usage,
assez ordinaire au XVIIe siècle, de
ne pas faire accorder le participe
passé accompagné d'un autre participe ou d'un infinitif:

Les a-t-on vu (*les Juifs*) marcher parmi
vos ennemis? (*Esther*, III, IV)

Tantôt à son aspect je l'ai vu (*Athalie*)
s'émouvoir. (*Athal.*, V, II.)

— *Quereller*, pour *vous quereller.*
On supprimait encore, comme ici,
le pronom réfléchi devant un verbe
réfléchi précédé d'un autre verbe :

Je la laisse *expliquer* sur tout ce qui me
touche. (*RAC., Brit.*, II, VIII.)
pour je la laisse *s'expliquer.* — Plusieurs auteurs de nos jours ont conservé cette tournure :
Je la voyais pâlir et *changer* en statue.
(LAMARTINE.)

2 Par un procédé analogue, dans
le *Misanthrope*, Alceste, qui voulait
sortir à l'arrivée d'Acaste et de
Clitandre, refuse de le faire quand
on l'y invite ironiquement. (Act. II,
sc. IV et V.)

3 *Quitter la place*, comme *quitter
la partie; laisser la place*, la partie, s'en aller.

DORINE, quittant Valère et courant après Mariane.

A l'autre ! ! Où courez-vous?

MARIANE
Laisse.

DORINE
Il faut revenir.

MARIANE
Non, non, Dorine; en vain tu me veux retenir.

VALÈRE, à part.
Je vois bien que ma vue est pour elle un supplice;
Et sans doute il vaut mieux que je l'en affranchisse.

DORINE, quittant Mariane et courant après Valère.
Encor! Diantre ² soit fait de vous! Si je le veux ³.
Cessez ce badinage, et venez çà tous deux.

Elle prend Valère et Mariane par la main et les ramène.

VALÈRE, à Dorine.
Mais quel est ton dessein?

MARIANE, à Dorine.
Qu'est-ce que tu veux faire?

DORINE
Vous bien remettre ensemble, et vous tirer d'affaire.

À Valère.
Êtes-vous fou d'avoir un pareil démêlé?

VALÈRE
N'as-tu pas entendu comme elle m'a parlé?

DORINE, à Mariane.
Êtes-vous folle, vous, de vous être emportée?

MARIANE
N'as-tu pas vu la chose, et comme il m'a traitée?

DORINE
À Valère.
Sottise des deux parts. Elle n'a d'autre soin
Que de se conserver à vous; j'en suis témoin.

À Mariane.
Il n'aime que vous seule, et n'a point d'autre envie
Que d'être votre époux; j'en réponds sur ma vie.

---

¹ A l'autre ! Exclamation d'étonnement mêlé d'ennui, de dépit, de colère. On dit encore au même sens : en voici bien d'une autre; c'est-à-dire : voici bien une autre chose étonnante, ennuyeuse, etc.

² Diantre, euphémisme, pour diable. Diantre soit de..., locution pour envoyer au diable la personne ou la chose qui importune.
Diantre soit de la folle avec ses visions!
(Fem. sav., I, v.)

³ Si, au sens affirmatif, comme ainsi, oui.

MARIANE, à Valère.

Pourquoi donc me donner un semblable conseil?

VALÈRE, à Mariane.

Pourquoi m'en demander sur un sujet pareil?

DORINE

Vous êtes fous tous deux. Çà, la main l'un et l'autre.

À Valère.

Allons, vous.

VALÈRE, en donnant sa main à Dorine.

A quoi bon ma main?

DORINE, à Mariane.

Ah! çà, la vôtre.

MARIANE, en donnant aussi sa main.

De quoi sert tout cela?

DORINE

Mon Dieu! vite, avancez.
Vous vous aimez tous deux plus que vous ne pensez.

Valère et Mariane se tiennent quelque temps par la main sans se regarder.

VALÈRE, se tournant vers Mariane.

Mais ne faites donc point les choses avec peine,
Et regardez un peu les gens sans nulle haine.

Mariane se tourne du côté de Valère en lui souriant.

DORINE

A vous dire le vrai, les amants sont bien fous![1]

VALÈRE, à Mariane.

Oh çà! n'ai-je pas lieu de me plaindre de vous?
Et pour n'en point mentir, n'êtes-vous pas méchante
De vous plaire à me dire une chose affligeante?

MARIANE

Mais vous, n'êtes-vous pas l'homme le plus ingrat?...

DORINE

Pour une autre saison laissons tout ce débat,
Et songeons à parer ce fâcheux mariage.

MARIANE

Dis-nous donc quels ressorts il faut mettre en usage.

---

[1] Cette scène n'est pas faite assurément pour y contredire. Mais tous ceux, auteurs, spectateurs et lecteurs, qui veulent mettre ou voir partout et toujours ces ridicules niaiseries, le sont-ils moins? — Les commentateurs trouvent tout cela parfait de naturel et de vérité. Dont acte. Nous aimons mieux le croire qu'y aller voir.

DORINE

Nous en ferons agir de toutes les façons.

A Mariane.   *A Valère.*

Votre père se moque ; et ce sont des chansons.

A Mariane.

Mais pour vous, il vaut mieux qu'à son extravagance
D'un doux consentement vous prêtiez l'apparence,
Afin qu'en cas d'alarme il vous soit plus aisé
De tirer en longueur cet hymen proposé.
En attrapant du temps, à tout on remédie.
Tantôt vous payerez de quelque maladie,
Qui viendra tout à coup et voudra des délais ;
Tantôt vous payerez de présages mauvais,
Vous aurez fait d'un mort la rencontre fâcheuse,
Cassé quelque miroir ou songé d'eau bourbeuse[1] ;
Enfin le bon de tout, c'est qu'à d'autres qu'à lui
On ne peut vous lier que vous ne disiez : « Oui. »
Mais pour mieux réussir, il est bon, ce me semble,
Qu'on ne vous trouve point tous deux parlant ensemble.

A Valère.

Sortez, et, sans tarder, employez vos amis
Pour vous faire tenir ce qu'on vous a promis.

A Mariane.

Nous, allons réveiller les efforts de son frère.
Et dans notre parti jeter la belle-mère[2].
Adieu

---

[1] Rien de plus absurde et pourtant de plus commun dans un certain peuple que ces idées superstitieuses de mille sortes, léguées au monde par le paganisme, et entretenues encore par l'ignorance, les préjugés, les traditions locales, et surtout, grâce à l'affaiblissement de la foi, par l'oubli pratique de cette divine Providence sans l'intervention de laquelle il ne tombe pas un oiseau du ciel ni un cheveu de notre tête. (S. MATTH., x, 29.) On sait ce qu'étaient Rome et Athènes avant le christianisme, et actuellement encore, ce que sont les peuples qui n'ont pas reçu les lumières de la foi catholique et qui restent « assis dans les ténèbres et à l'ombre de la mort » : — les victimes des plus sottes et des plus odieuses superstitions. Quant aux incrédules, ils sont toujours, comme on l'a dit, les plus crédules ; et si le vulgaire ignorant oublie un moment les enseignements de la raison et de l'Église, et craint « d'un mort la rencontre fâcheuse », il n'est pas d'absurdité que ces prétendus esprits forts n'avalent imperturbablement, pour peu qu'elle favorise leurs haines religieuses, ou qu'elle s'affuble du nom pompeux de science, de critique, de progrès, ou chose semblable.

[2] *Bon frère,* Cléante, beau-frère

VALÈRE, à Mariane.
Quelques efforts que nous préparions tous,
Ma plus grande espérance, à vrai dire, est en vous.

MARIANE, à Valère.
Je ne vous réponds pas des volontés d'un père;
Mais je ne serai point à d'autre qu'à Valère.

VALÈRE
Que vous me comblez d'aise! Et quoi que puisse oser...

DORINE
Ah! jamais les amants ne sont las de jaser.
Sortez, vous dis-je.

VALÈRE, revenant sur ses pas.
Enfin...

DORINE
Quel caquet est le vôtre!
Tirez ! de cette part; et vous, tirez de l'autre.

Dorine les pousse chacun par l'épaule et les oblige de se retirer.

---

d'Orgon ; la belle-mère, Elmire, femme en secondes noces d'Orgon.

¹ *Tirez.* Terme familier, *prendre son chemin.* Métaphore prise du cheval, qui tire à droite ou à gauche.

Nous sommes découverts, *tirons de ce côté.* (*Étourdi*, III, XIII.)

— Dans ces diverses scènes, au dialogue si vif et si rapide, les commentateurs admirent fort ce caractère de Mariane. C'est, disent-ils, le plus beau caractère de jeune fille que Molière ait mis au théâtre. Pas de pruderie (on le pense bien, auprès de Dorine); une fraîcheur, une grâce, une délicatesse, une innocence charmantes — (ceci est beaucoup dire, et Molière n'était pas homme à créer un tel personnage). — Les pensées, les sentiments, les affections d'un jeune cœur, pur et vertueux; c'est une des choses qu'il n'a point connues. « On ne trouve pas dans tout son théâtre, dit M. Louis Veuillot, une figure d'épouse, ni de mère, ni de vierge, ni d'amante: ce sont des délurées et des « dessalées », prêtes à risquer toute aventure (ainsi Dorine, ainsi Elmire), ou des pecques (Mariane) et des raisonneuses (Mme Pernelle), ou de fades accessoires de comédie qui viennent jouer l'éternelle scène du *Dépit amoureux* pour donner à Mascarille et à Scapin le temps d'arriver. La candeur, le respect, la foi, la tendresse filiale, la tendresse maternelle, le dévouement, la chasteté même du langage, sont choses qu'elles ignorent; Molière semble ne pas croire seulement qu'une femme puisse avoir de telles vertus. » — Et pourtant, dit-il quelque part :

Dans le monde on fait tout pour ces animaux-là.

Molière est tout jugé par ce vers. Sa Mariane ne nous paraît donc avoir, en outre de ces sentiments langoureux qu'elle vient d'étaler, que cette timidité parfois sotte qu'on a vue, et cette réserve mondaine qui est loin de ressembler à la modestie chrétienne.

ACTE TROISIÈME

—

SCÈNE I

DAMIS, DORINE

DAMIS

Que la foudre sur l'heure achève mes destins [1],
Qu'on me traite partout du plus grand des faquins [2],
S'il est aucun respect ni pouvoir qui m'arrête,
Et si je ne fais pas quelque coup de ma tête!

DORINE

De grâce, modérez un tel emportement :
Votre père n'a fait qu'en parler simplement
On n'exécute pas tout ce qui se propose;
Et le chemin est long du projet à la chose [3].

DAMIS

Il faut que de ce fat j'arrête les complots,
Et qu'à l'oreille un peu je lui dise deux mots [4].

---

[1] Cette emphase dénote dans le caractère de Damis un fat et un étourdi tout ensemble; c'est une fougue de jeune homme qui ne doute de rien, et une étourderie qui ne fera qu'aggraver les maux auxquels il prétend porter remède. Il fait contraste avec la « doucette », sa sœur.

[2] *Faquin*, homme ridicule. Ce terme désignait, au sens propre, qui n'est plus du tout employé, un portefaix; il ne désigne depuis long-temps qu'*un homme de néant*, mélange *de bassesse et de ridicule*:

Quel avantage a-t-on qu'un homme vous caresse,
Lorsqu'au premier *faquin* il court en faire autant? (*Misant.*, I, I.)

[3] Proverbe souvent employé.

[4] *Deux mots*. Par forme de menace, de provocation :

A moi, comte, *deux mots.*
(CORN., *Le Cid*; II, II.)

DORINE

Ah! tout doux. Envers lui comme envers votre père,
Laissez agir les soins de votre belle-mère.
Sur l'esprit de Tartufe elle a quelque crédit;
Il se rend complaisant à tout ce qu'elle dit,
Et pourrait bien avoir douceur de cœur pour elle.
Plût à Dieu qu'il fût vrai[1]! la chose serait belle!
Enfin votre intérêt l'oblige à le mander:
Sur l'hymen qui vous trouble elle veut le sonder,
Savoir ses sentiments, et lui faire connaître
Quels fâcheux démêlés il pourra faire naître,
S'il faut qu'à ce dessein il prête quelque espoir[2].
Son valet dit qu'il prie[3], et je n'ai pu le voir;
Mais ce valet m'a dit qu'il s'en allait descendre.
Sortez donc, je vous prie, et me laissez l'attendre.

DAMIS

Je puis être présent à tout cet entretien.

DORINE

Point. Il faut qu'ils soient seuls.

DAMIS

                              Je ne lui dirai rien.

DORINE

Vous vous moquez : on sait vos transports ordinaires;
Et c'est le vrai moyen de gâter les affaires.
Sortez.

DAMIS

        Non; je veux voir, sans me mettre en courroux.

DORINE

Que vous êtes fâcheux[4]! Il vient. Retirez-vous.

Damis va se cacher dans un cabinet qui est au fond du théâtre.

---

[1] *Qu'il fût vrai.* Voir ci-dessus, p. 44, n. 2.

[2] Qu'est-ce que *prêter quelque espoir à un dessein?* C'est sans doute espérer le réaliser. Mais une image si obscure et une construction si forcée fait songer au reproche d'incorrection et de barbarisme adressé quelquefois à Molière.

[3] Si ce n'est pas un trait décoché à la prière; c'est invraisemblable et faux. Tartufe ne prie pas en secret, il ne l'a jamais fait que pour être vu priant, comme les Pharisiens de l'Évangile, *qui amant, in synagogis et in angulis platearum stantes, orare,* disait Notre-Seigneur, *ut videantur ab hominibus.* (MATTH. VI, 5.)

[4] *Fâcheux,* importun, incommode :
Homme à mon sens le plus *fâcheux* de monde.   (MOL. *Fâch.* I, III.)

3[*]

SCÈNE II

TARTUFE, DORINE

TARTUFE [1], parlant haut à son valet, qui est dans la maison, dès qu'il aperçoit Dorine.

Laurent, serrez ma haire avec ma discipline [2],
Et priez que toujours le Ciel vous illumine.

[1] Enfin voici l'ennemi. Molière a fait son Tartufe tellement dégoûtant, scélérat, et, tranchons le mot, tellement invraisemblable, qu'il lui a fallu deux actes entiers de préparation à l'arrivée de son personnage pour le faire supporter. Naturellement aussi la curiosité n'en est que plus vivement excitée par cette longue attente, et c'est autant de gagné au succès de l'œuvre entreprise par le comédien en faveur de la vraie dévotion, le Tartufe!... Aussi faut-il voir au théâtre quelle rumeur de haine accueille toujours, paraît-il, l'entrée en scène du scélérat, le silence qui so fait alors pour mieux saisir toutes ses paroles, et les applaudissements qui soulignent à l'adresse des dévots, bien entendu, c'est-à-dire des vrais catholiques, tous ces vers enfiellés où sont travestis les pensées et le langage même de la dévotion. Notez encore que le costume n'est pas indifférent ni choisi au hasard. Dès la première représentation, Louis XIV avait exigé que Tartufe parût avec un habit chargé de dentelles et une épée au côté, à la façon des seigneurs de la cour. Mais cela ne fut pas de longue durée. Un commentateur de

Molière, le nommé Bret, très pauvre bel esprit du siècle dernier, s'en étonne et demande pourquoi les comédiens ont préféré donner à Tartufe un costume qui se rapproche le plus possible de l'habit ecclésiastique... Vous le demandez, bon homme? l'ignorez-vous donc?

[2] Haire. Petite chemise de crin ou de poil de chèvre, au tissu rude et piquant, et qui se porte immédiatement sur le corps. — Discipline, autre instrument de pénitence, servant à la flagellation, composé de cordelettes et quelquefois de petites chaînes. — Une multitude de saints ont porté la haire et ont pris la discipline tous les jours de leur vie; qu'il nous suffise de rappeler aux jeunes gens chrétiens le nom de saint Louis de Gonzague, leur angélique patron. Saint François de Sales, le plus doux des hommes, prenait des disciplines, même sanglantes. Grâce à Dieu, de nos jours encore, malgré les railleries poquelines et les progrès du sensualisme, les pratiques de la pénitence corporelle sont moins inconnues qu'on pourrait le croire parmi les enfants de l'Église. Il y a toujours, comme il y a toujours eu, je ne dis pas dans le cloître, mais

Si l'on vient pour me voir, je vais aux prisonniers
Des aumônes que j'ai partager les deniers [1].

DORINE, à part.

Que d'affectation et de forfanterie [2] !

TARTUFE

Que voulez-vous ?

DORINE

Vous dire...

TARTUFE, tirant un mouchoir de sa poche.

Ah ! mon Dieu ! je vous prie,
Avant que de [3] parler prenez-moi [4] ce mouchoir.

dans le monde, des âmes d'élite désireuses de crucifier leur chair par esprit de pénitence, de zèle pour le salut de leurs frères, d'amour envers l'Homme-Dieu, qui a voulu être crucifié pour nous. Et l'on conviendra sans peine aussi que ces pratiques tant décriées feront plus pour le salut de la France que tous les applaudissements décernés au *Tartufe* et à son auteur.

[1] L'ancienne législation pénitentiaire permettait la visite des prisonniers. Les personnes pieuses, et en particulier certaines confréries, établies à cette fin, profitaient de cette permission pour soulager la misère de ces malheureux, surtout pour les convertir et les ramener à Dieu. Comme souvenir des anciens usages, cette visite des prisonniers est encore mentionnée dans plusieurs catéchismes, avec la visite des malades, parmi les *œuvres de miséricorde* conseillées aux fidèles.

[2] Il y en a même trop, et la Bruyère a voulu relever cette invraisemblance dans le portrait qu'il trace lui-même de l'hypocrite : « Onuphre ne dit point : ma haire et ma discipline, au contraire ; il passerait pour ce qu'il est, pour un hypocrite, et il veut passer pour ce qu'il n'est pas, pour un homme dévot ; il est vrai qu'il fait en sorte que l'on croie, sans qu'il le dise, qu'il porte une haire et qu'il se donne la discipline. » (*Caract.*, *de la Mode.*)

[3] *Avant que de*. C'est la forme préférée au XVIIe siècle :

Avant donc *que* d'écrire apprenez à penser. (BOIL., *Art poét.*)

On trouve aussi très souvent dans les poètes *avant que* sans *de* :

Mais *avant que* partir je me ferai justice. (RAC., *Mithrid.*, III, ii.)

On trouve même *avant* employé seul avec l'infinitif : « Pontchartrain *avant* partir monta chez Voysin. » (SAINT-SIMON.) — La forme *avant de* (seule usitée aujourd'hui avec la première *avant que de*, rarement employée) est rare à cette époque, et ne devient usitée qu'au siècle suivant.

[4] *Prenez-moi*. Ce *moi* est explétif comme dans ce vers de Boileau :

Prends-moi le bon parti, laisse là tous tes livres. (*Sat.*, VII.)

La même tournure se trouve en grec et en latin :

Σὺ δ᾽, ὦ τέκνον, μοι λεῖπε πωλικοὺς ὄχους.
(EURIP., *Iph. à Aulis*, 605.)

« Et toi, ma fille, descends-moi du char traîné par les cavales. »

Qui metuens vivet, liber mihi non erit unquam. (HORACE.)

DORINE

Comment !

C'est que Tartufe ne trouve pas la mise de Dorine assez sévère pour paraître en sa présence. Il lui fait la même observation sur son langage.

TARTUFE

Mettez dans vos discours un peu de modestie,
Ou je vais sur-le-champ vous quitter la partie.

DORINE

Non, non, c'est moi qui vais vous laisser en repos,
Et je n'ai seulement qu'à vous dire deux mots.
Madame va venir dans cette salle basse,
Et d'un mot d'entretien vous demande la grâce.

TARTUFE

Hélas ! ! très volontiers.

DORINE, à part.

Comme il se radoucit !
Ma foi, je suis toujours pour ce que j'en ai dit.

TARTUFE

Viendra-t-elle bientôt ?

DORINE

Je l'entends, ce me semble.
Oui, c'est elle en personne, et je vous laisse ensemble.

SCÈNE III

ELMIRE, TARTUFE

TARTUFE

Que le Ciel à jamais, par sa toute bonté,
Et de l'âme et du corps vous donne la santé,
Et bénisse vos jours autant que le désire
Le plus humble de ceux que son amour inspire ? !

ELMIRE

Je suis fort obligée à ce souhait pieux.
Mais prenons une chaise afin d'être un peu mieux.

---

[1] *Hélas !* Voir ci-dessus, p. 71, n. 3.

[2] *Ceux que « l'amour du ciel* inspire »* n'étaient pas plus cet amour qu'ils ne parlent de leur haine ou de leur discipline.

TARTUFE, assis,

Comment de votre mal vous sentez-vous remise?

ELMIRE, assise,

Fort bien; et cette fièvre a bientôt quitté prise.

TARTUFE

Mes prières n'ont pas le mérite qu'il faut
Pour avoir attiré cette grâce d'en haut;
Mais je n'ai fait au Ciel nulle dévote instance
Qui n'ait eu pour objet votre convalescence.

ELMIRE

Votre zèle pour moi s'est trop inquiété.

TARTUFE

On ne peut trop chérir votre chère santé;
Et pour la rétablir j'aurais donné la mienne.

ELMIRE

C'est pousser bien avant la charité chrétienne;
Et je vous dois beaucoup pour toutes ces bontés.

TARTUFE

Je fais bien moins pour vous que vous ne méritez.

ELMIRE

J'ai voulu vous parler en secret d'une affaire,
Et suis bien aise ici qu'aucun ne nous éclaire[1].
On tient que mon mari veut dégager sa foi,
Et vous donner sa fille. Est-il vrai? dites-moi.

TARTUFE

Il m'en a dit deux mots; mais, Madame, à vrai dire,
Ce n'est pas le bonheur après quoi[2] je soupire.

Tartufe alors, en style précieux et dévotieux tout ensemble, fait à Elmire « l'offrande de son cœur ».

Ce m'est, je le confesse, une audace bien grande
Que d'oser de ce cœur vous adresser l'offrande[3];

---

[1] *Éclaire.* Surveille, observe, épie :

Au diable le fâcheux qui toujours nous
éclaire.   (*Étourdi*, I, iv.)

[2] *Après quoi*, après lequel. Ce conjonctif, qui ne s'emploie guère aujourd'hui qu'à l'indéfini, s'employait, au contraire, au XVIIe siècle avec tous les noms de chose comme le conjonctif ordinaire, et cet usage, dit M. Littré, loin d'être à rejeter, est aussi logique qu'élégant :

C'est l'assidu travail à quoi je me soumets.   (RACAN, *Ps.* XXIX.)

Ce blasphème, Seigneur, de quoi vous m'accusez.
          (RAC., *Androm.*, I, II.)

« Se distinguer par un enjouement et une liberté à quoi tant d'âmes se laissent prendre. »
          (BOURDALOUE, *Serm.*)

[3] La Bruyère (*Caract.*, de la *Mode*), trouve cette « offrande » fort invraisemblable.

Mais j'attends en mes vœux tout de votre bonté,
Et rien des vains efforts de mon infirmité.

ELMIRE

Je vous écoute dire; et votre rhétorique
En termes assez forts à mon âme s'explique.
N'appréhendez-vous point que je ne sois d'humeur
A dire à mon mari cette galante ardeur,
Et que le prompt avis d'un amour de la sorte
Ne pût bien altérer l'amitié qu'il vous porte?

TARTUFE

Je sais que vous avez trop de bénignité,
Et que vous ferez grâce à ma témérité.

ELMIRE

D'autres prendraient cela d'autre façon peut-être
Mais ma discrétion se veut faire paraître [1].
Je ne redirai point l'affaire à mon époux;
Mais je veux, en revanche, une chose de vous :
C'est de presser tout franc, et sans nulle chicane,
L'union de Valère avecque Mariane,
De renoncer vous-même à l'injuste pouvoir
Qui veut du bien d'un autre enrichir votre espoir [2];
Et...

SCÈNE IV

ELMIRE, DAMIS, TARTUFE

DAMIS, sortant du cabinet où il s'était retiré.

Non, Madame, non; ceci doit se répandre [3];
J'étais en cet endroit, d'où j'ai pu tout entendre;
Et la bonté du Ciel m'y semble avoir conduit
Pour confondre l'orgueil d'un traître qui me nuit,

---

[1] *Se veut faire paraître.* Sur cette place du pronom personnel mis avant le premier verbe et sans que la mesure le demande, selon un usage commun au XVII⁰ siècle, voir ci-dessus, p. 42, n. 2.

[2] *Ce*

Pouvoir
Qui veut du bien d'un autre enrichir un espoir

ressemble à l'espoir prêté à un dessein que nous avons rencontré plus haut, p. 97, n. 2.

[3] Au point de vue dramatique, cette brusque et impétueuse intervention de Damis est habile; elle ranime l'action et produit des complications nouvelles; elle est surtout très naturellement amenée.

Pour m'ouvrir une voie à prendre la vengeance
De son hypocrisie et de son insolence,
A détromper mon père, et lui mettre en plein jour
L'âme d'un scélérat qui vous parle d'amour.

ELMIRE

Non, Damis; il suffit qu'il se rende plus sage,
Et tâche[1] à mériter la grâce où[2] je m'engage.
Puisque je l'ai promis, ne m'en dédites[3] pas.
Ce n'est point mon humeur de faire des éclats;
Une femme se rit de sottises pareilles,
Et jamais d'un mari n'en trouble les oreilles[4].

DAMIS

Vous avez vos raisons pour en user ainsi[5];
Et pour faire autrement j'ai les miennes aussi.
Le vouloir épargner est une raillerie[6];
Et l'insolent orgueil de sa cagoterie
[...] mphé que trop de mon juste courroux
Et que trop excité de désordre chez nous.
Le fourbe trop longtemps a gouverné mon père
Et desservi mes feux avec ceux de Valère[7].
Il faut que du perfide il soit désabusé[8];

---

[1] *Tâcher à* et *tâcher de* se disaient indifféremment au XVIIᵉ siècle; mais la première locution était cependant préférée; elle marque, de plus que la seconde, un effort pour arriver au but.

[2] *La grâce où.* Voir ci-dessus, p. 71, n. 1.

[3] Au XVIIᵉ siècle, on hésitait entre *dédites* et *dédisez*, seule forme employée aujourd'hui; mais la première donne bien le vrai texte de Molière; il y a dans l'édition originale : *Ne m'en desdites pas.*

[4] Ne vaudrait-il pas mieux éclairer sur la conduite de son Tartufe le stupide Orgon que d'occasionner les « éclats » qui vont suivre?

[5] *En user.* Voir ci-dessus, p. 41, n. 5.

[6] *Une raillerie*, c'est-à-dire une chose absurde, ridicule : « C'est une raillerie de prétendre avoir vendu le pot et non l'[...]sc. » (P.-L. Courier, *Corresp.*)

[7] Voilà donc le sentiment qui fait surtout agir Damis: égoïsme et vengeance personnelle. Pas une idée, pas un sentiment noble et généreux jusqu'à présent dans tous ces personnages, dont le contraste avec l'hypocrite devrait venger la dévotion des perfidies et des bassesses du scélérat. Mais il est vrai que pour trouver un brin de dévotion quelconque dans ce petit fat de Damis, il faudrait longtemps chercher.

[8] *Désabusé du perfide.* Construction rare; ce verbe n'a pas ordinairement pour régime indirect un nom de personne. Lamotte a dit de même :

Du héros l'homme désabusé,
Et l'admiration confuse
S'enfuit et fait place au mépris.
(*Odes.*)

Et le Ciel pour cela m'offre un moyen aisé.
De cette occasion je lui suis redevable,
Et pour la négliger elle est trop favorable :
Ce serait mériter qu'il me la vînt ravir,
Que de l'avoir en main et ne m'en pas servir.

ELMIRE

Damis...

DAMIS

Non, s'il vous plaît ; il faut que je me croic[1].
Mon âme est maintenant au comble de sa[2] joie,
Et vos discours en vain prétendent m'obliger
A quitter le plaisir de me pouvoir venger.
Sans aller plus avant, je vais vider l'affaire ;
Et voici justement de quoi me satisfaire.

SCÈNE V

ORGON, ELMIRE, DAMIS, TARTUFE

DAMIS

Nous allons régaler, mon père, votre abord
D'un incident tout frais qui vous surprendra fort.
Vous êtes bien payé de toutes vos caresses,
Et Monsieur d'un beau prix reconnaît[3] vos tendresses ;
Son grand zèle pour vous vient de se déclarer :
Il ne va pas à moins qu'à vous déshonorer ;
Et je l'ai surpris là, qui faisait à Madame
L'injurieux aveu d'une coupable flamme.
Elle est d'une humeur douce, et son cœur trop discret
Voulait à toute force en garder le secret ;
Mais je ne puis flatter une telle impudence,
Et crois que vous la taire est vous faire une offense.

---

[1] *Me croie.* Se croire, avoir confiance en soi, faire à sa tête :

*Ne nous croyons pas trop ; souvent nos connaissances
Ne sont enfin qu'illusions.*
(Corn, *Imit. de J.-C.*, II.)

[2] *Sa joie.* Sur cet emploi du pronom possessif au lieu de l'article, voir ci-dessus, p. 80, n. 1.

[3] *Reconnaît*, récompense :

Vous voulez d'un sujet reconnaître le zèle.
(*Esther*, II, v.)

ELMIRE

Oui, je tiens[1] que jamais de tous ces vains propos
On ne doit d'un mari traverser[2] le repos;
Que ce n'est point de là que l'honneur peut dépendre,
Et qu'il suffit pour nous de savoir nous défendre.
Ce sont mes sentiments : et vous n'auriez rien dit,
Damis, si j'avais eu sur vous quelque crédit.

SCÈNE VI

ORGON, DAMIS, TARTUFE

ORGON

Ce que je viens d'entendre, ô Ciel! est-il croyable?

TARTUFE

Oui, mon frère, je suis un méchant, un coupable[3],
Un malheureux pécheur, tout plein d'iniquité,
Le plus grand scélérat qui jamais ait été.
Chaque instant de ma vie est chargé de souillures;
Elle n'est qu'un amas de crimes et d'ordures;

---

[1] *Je tiens*, je pense, j'estime :

NÉARQUE.
Je *tiens* leur culte impie (*des idoles*),
POLYEUCTE.
— Et je le *tiens* funeste.
(*Polyeucte*, II, VI.)

[2] *Traverser*. Troubler, susciter des obstacles, etc. « L'Église est étrangère et errante sur la terre... et le monde ne cesse de *traverser* son pèlerinage. » (Boss., *Le Tellier*.)

[3] Cette hypocrite confession de *Tartufe*, qui exagère ses iniquités pour les rendre incroyables, achève d'éblouir sa dupe. Le scélérat triomphe; la sottise et l'aveuglement d'Orgon s'élèvent à leur apogée, et, comme on le voit, la vertu « non diablesse » d'Elmire, pour ne pas vouloir « traverser le repos de son mari » obtient de magnifiques résultats. En attendant, Madame ne trouve rien de mieux à faire que de s'éclipser, au lieu d'éclairer, comme ce serait son devoir, la pauvre dupe. Quelle vraisemblance à tout cela ? Mais n'importe, M. de Molière n'en montrera que mieux encore combien la dévotion a rendu Orgon « hébété ». — Au point de vue dramatique, les commentateurs ont remarqué que ce trait de Tartufe achève le portrait du scélérat, réveille l'intérêt, renoue l'intrigue et couvre le dénouement d'un voile impénétrable. (AIMÉ MARTIN.)

Et je vois que le Ciel, pour ma punition,
Me veut mortifier en cette occasion.
De quelque grand forfait qu'on me puisse reprendre,
Je n'ai garde d'avoir l'orgueil de m'en défendre.
Croyez ce qu'on vous dit, armez votre courroux,
Et, comme un criminel, chassez-moi de chez vous;
Je ne saurais avoir tant de honte en partage
Que je n'en aie encor mérité davantage.

ORGON, à son fils.

Ah! traître, oses-tu bien par cette fausseté
Vouloir de sa vertu ternir la pureté?

DAMIS

Quoi! la feinte douceur de cette âme hypocrite
Vous fera démentir?...

ORGON

Tais-toi, peste maudite!

TARTUFE

Ah! laissez-le parler; vous l'accusez à tort,
Et vous ferez bien mieux de croire à son rapport[1].
Pourquoi sur un tel fait m'être aussi favorable?
Savez-vous, après tout, de quoi je suis capable?
Vous fiez-vous, mon frère, à mon extérieur?
Et, pour tout ce qu'on voit, me croyez-vous meilleur?
Non, non; vous vous laissez tromper à l'apparence;
Et je ne suis rien moins, hélas! que ce qu'on pense.
Tout le monde me prend pour un homme de bien;
Mais la vérité pure est que je ne vaux rien.

[1] Cette feinte humilité de Tartufe peut bien séduire un Orgon (Molière l'a fait si bête!), mais un chrétien, ou simplement un homme de sens ne s'y laisserait point tromper. Il y a ici une de ces accusations dont « nul, comme dit saint François de Sales, ne doit souffrir la calomnie, quand il s'en peut justement décharger, » et moins encore, ajoute-t-il, « certaines personnes (les personnes pieuses, par exemple), de la bonne réputation desquelles dépend l'édification de plusieurs; car, en ce cas, il faut tranquillement poursuivre la réparation du tort reçu, suivant l'avis des théologiens. » (*Introd.*, III, VII.) — C'est alors le cas de mettre en pratique le conseil du Sage: *Curam habe de bono nomine:* « Prenez soin de votre renommée. » (*Eccli.*, XLI, 15.) — « Il est vrai que l'humilité mépriserait la renommée, dit encore le même saint, si la charité n'en avait besoin; mais parce qu'elle est l'un des fondements de la société humaine, et que sans elle nous sommes non seulement inutiles, mais dommageables au public, à cause du scandale qu'il en reçoit, la charité requiert et l'humilité agrée que nous la désirions et conservions précieusement. » (*Ibid.*)

S'adressant à Damis.

Oui, mon cher fils, parlez; traitez-moi de perfide,
D'infâme, de perdu [1], de voleur, d'homicide;
Accablez-moi de noms encor plus détestés :
Je n'y contredis point, je les ai mérités;
Et j'en veux à genoux souffrir l'ignominie,
Comme une honte due aux crimes de ma vie [2].

ORGON

A Tartufe.   *A son fils.*

Mon frère, c'en est trop. Ton cœur ne se rend point,
Traître?

DAMIS

Quoi! ses discours vous séduiront au point...

ORGON

Relevant Tartufe.

Tais-toi, pendard! Mon frère, hé! levez-vous, de grâce!

A son fils.

Infâme!

DAMIS

Il peut...

ORGON

Tais-toi.

DAMIS

J'enrage. Quoi! je passe...

---

[1] *Perdu* d'honneur. C'est le latin *perditus*, dont le superlatif est si souvent employé en ce sens par Cicéron.

[2] Dans ces longues tirades d'humilité que débite Tartufe, il n'y a pas plus de dévotion que dans tout le reste. Voici comment le saint docteur que nous aimons à citer, saint François de Sales, juge ce procédé qu'Orgon admire tant et qui le touche si fort: « La vraie humilité ne fait pas semblant de l'être et ne dit guère de paroles d'humilité; car elle ne désire pas seulement de cacher les autres vertus, mais encore et principalement de se cacher soi-même... Nous disons maintes fois que nous ne sommes rien, que nous sommes la misère même et l'ordure du monde; mais nous serions bien marris qu'on nous prît au mot et que l'on nous publiât tels que nous disons. Au contraire, nous faisons semblant de fuir et de nous cacher, afin qu'on coure après nous et qu'on nous cherche... Voici donc mon avis : ou ne disons point de paroles d'humilité, ou disons-les avec un vrai ressentiment intérieur, conforme à ce que nous prononçons extérieurement; n'abaissons jamais les yeux qu'en humiliant nos cœurs; ne faisons pas semblant de vouloir être les derniers, que de bon cœur nous ne voulussions l'être... L'homme vraiment humble aimerait mieux qu'un autre dît de lui qu'il est misérable, qu'il n'est rien, qu'il ne vaut rien, que non pas de le dire lui-même... » (*Introd.*, III, v.)

ORGON

Si tu dis un seul mot, je te romprai les bras.

TARTUFE

Mon frère, au nom de Dieu, ne vous emportez pas!
J'aimerais mieux souffrir la peine la plus dure
Qu'il eût reçu pour moi la moindre égratignure[1].

ORGON, à son fils.

Ingrat!

TARTUFE

Laissez-le[2] en paix. S'il faut, à deux genoux,
Vous demander sa grâce...

ORGON, se jetant aussi à genoux et embrassant Tartufe.

Hélas! vous moquez-vous?

À son fils.

Coquin, vois sa bonté!

DAMIS

Donc...

ORGON

Paix.

DAMIS

Quoi! je...

ORGON

Paix! dis-je.

Je sais bien quel motif à l'attaquer t'oblige.
Vous le haïssez tous; et je vois aujourd'hui
Femme, enfants et valets déchaînés contre lui.
On met impudemment toute chose en usage
Pour ôter de chez moi ce dévot personnage:
Mais plus on fait d'efforts afin de l'en bannir,
Plus j'en vais employer à l'y mieux retenir;

---

[1] *J'aimerais mieux souffrir la peine la plus dure... qu'il eût reçu...* Construction elliptique: J'aimerais mieux souffrir..., *plutôt qu'il eût reçu...* De plus, la concordance des temps et des modes dont les règles n'ont été définitivement fixées qu'à la fin du siècle dernier, et surtout au commencement de celui-ci, était bien différente au XVIIe siècle de ce qu'elle est aujourd'hui, comme on le voit par cet exemple; on dirait maintenant: J'aimerais mieux souffrir..., *plutôt qu'il reçût...;* ou même encore, comme le premier complément de *aimerais* est à l'infinitif, on préférerait donner au second la même tournure infinitive; mais au XVIIe siècle cette règle n'était pas non plus fixée.

[2] *Laissez-le en paix.* Molière fait souvent cette élision de l'article. Racine n'a usé de cette licence qu'une seule fois, et c'est dans les *Plaideurs:*

Un valet manque-t-il de rendre un verre net?
Condamnez-le à l'amende, ou, s'il le casse, au fouet.   (II, XIII.)

Et je vais me hâter de lui donner ma fille,
Pour confondre l'orgueil de toute ma famille.

DAMIS

A recevoir sa main on pense l'obliger?

ORGON

Oui, traître, et dès ce soir pour vous faire enrager.
Ah! je vous brave tous, et vous ferai connaître
Qu'il faut qu'on m'obéisse, et que je suis le maître [1].
Allons, qu'on se rétracte, et qu'à l'instant, fripon,
On se jette à ses pieds pour demander pardon.

DAMIS

Qui? moi? de ce coquin qui, par ses impostures...

ORGON

Ah! tu résistes, gueux, et lui dis des injures!

A Tartufe.

Un bâton! un bâton! Ne me retenez pas [2].

A son fils.

Sus [3]! que de ma maison on sorte de ce pas,
Et que d'y revenir on n'ait jamais l'audace.

DAMIS

Oui, je sortirai; mais...

ORGON

Vite, quittons la place.
Je te prive, pendard, de ma succession,
Et te donne, de plus, ma malédiction [4].

---

[1] Le pauvre homme! qui s'imagine, parce qu'il s'emporte, qu'il a de l'autorité.

[2] L'hypocrite poursuit son rôle et feint de vouloir retenir Orgon.

[3] *Sus!* Interjection pour encourager, exciter :

Sus! sus! brisons la porte, enfonçons la maison. (CORN., *Médée,* V, VII.)

— Voir ci-dessus, p. 70, n. 2.

[4] Est-ce un père chrétien, un dévot surtout, qui parle et agit de la sorte? Est-ce même, plus simplement encore, un homme de tant soit peu de sens et de tant soit peu de cœur? Les devoirs des parents, comme ceux des enfants et des époux, sont au nombre des choses que Molière n'a point connues; la famille *chrétienne,* en un mot, lui est complètement étrangère. Il est vrai que chez les Béjarts il eût été difficile d'en observer les mœurs et les traits.

SCÈNE VII

ORGON, TARTUFE

ORGON

Offenser de la sorte une sainte personne!

TARTUFE

O Ciel! pardonne-lui la douleur qu'il me donne ![1]

A Orgon.

Si vous pouviez savoir avec quel déplaisir
Je vois qu'envers mon frère on tâche à me noircir...

OR/ION

Hélas!

TARTUFE

Le seul penser de cette ingratitude
Fait souffrir à mon âme un supplice si rude...
L'horreur que j'en conçois... J'ai le cœur si serré,
Que je ne puis parler, et crois que j'en mourrai [2].

---

[1] Var.

O ciel, pardonne-lui, comme je lui pardonne.

C'est le véritable vers de Molière. Le vers du texte est une de ces « corrections qu'il a faites à sa pièce et qui n'ont de rien servi, » dit-il pieusement dans sa préface, « un de ces termes consacrés dont on aurait eu peine à entendre faire mauvais usage » et qu'il en a « retranchés. » C'était, en effet ; la parodie d'une parole de l'*Oraison dominicale*. L'édifiant scrupule! tandis que d'un bout à l'autre de la pièce on livre la dévotion en butte à tous les sarcasmes et à toutes les avanies : scélératesse dans l'hypocrite, bêtise et ridiculité dans les autres, et qu'on ne lui donne pour soutien qu'une Pernelle et un Orgon, avec les platoniques sentences d'un Cléante, on est pris tout à coup d'une délicatesse de *Tartufe*, à propos de ce vers « admirable », que regrette maître Martin. Et puis on rira de Tartufe s'accusant

D'avoir pris une puce en faisant sa prière,
Et de l'avoir tuée avec trop de colère !

N'est-ce pas, comme disait Jésus-Christ aux Pharisiens de son temps, « rejeter un moucheron et avaler un chameau ? » *Excolantes culicem, camelum autem glutientes.* (MATT. XXIII, 24.)

[2] Il n'y a pas de danger.

ORGON, *courant tout en larmes à la porte par où il a chassé son fils.*

Coquin! je me repens que ma main t'ait fait grâce
Et ne t'ait pas d'abord assommé sur la place.

A Tartufe.

Remettez-vous, mon frère, et ne vous fâchez pas.

TARTUFE

Rompons, rompons le cours de ces fâcheux débats.
Je regarde[1] céans quel grand trouble j'apporte,
Et crois qu'il est besoin, mon frère, que j'en sorte.

ORGON

Comment! vous moquez-vous?

TARTUFE

On m'y hait, et je voi
Qu'on cherche à vous donner des soupçons de ma foi[2].

ORGON

Qu'importe? Voyez-vous que mon cœur les écoute?

TARTUFE

On ne manquera pas de poursuivre, sans doute;
Et ces mêmes rapports qu'ici vous rejetez
Peut-être une autre fois seront-ils écoutés.

ORGON

Non, mon frère, jamais.

TARTUFE

Ah! mon frère! une femme
Aisément d'un mari peut bien surprendre l'âme.

ORGON

Non, non.

TARTUFE

Laissez-moi vite, en m'éloignant d'ici,
Leur ôter tout sujet de m'attaquer ainsi.

ORGON

Non, vous demeurerez; il y va de ma vie.

TARTUFE

Eh bien! il faudra donc que je me mortifie[3].
Pourtant, si vous vouliez...

ORGON

Ah!

---

[1] *Regarder*, au sens de *voir*, considérer :

Quand je *regarde* Auguste au milieu de sa gloire.   (*Cinna*, I, 1.)

[2] *Foi*, fidélité, sens fréquent du mot *fides* en latin : *hinc fides, illinc fraudatio.* (Cic., Catil., II.)

[3] La pénitence ne sera guère plus dure que la *haire* et la *discipline* du personnage.

TARTUFE

                                        Soit : n'en parlons plus !
Mais je sais comme il faut en user [1] là-dessus,
L'honneur est délicat ; et l'amitié m'engage
A prévenir les bruits et les sujets d'ombrage :
Je fuirai votre épouse, et vous ne me verrez...

ORGON

Non, en dépit de tous, vous la fréquenterez [2],
Faire enrager le monde est ma plus grande joie ;
Et je veux qu'à toute heure avec elle on vous voie.
Ce n'est pas tout encor : pour les mieux braver tous,
Je ne veux point avoir d'autre héritier que vous ;
Et je vais de ce pas, en fort bonne manière,
Vous faire de mon bien donation entière.
Un bon et franc ami, que pour gendre je prends,
M'est bien plus cher que fils, que femme et que parents.
N'accepterez-vous pas ce que je vous propose ?

TARTUFE

La volonté du Ciel soit faite en toute chose [3] !

---

[1] *Comme* pour *comment*. Voir ci-dessus, p. 55, n. 3. — *En user*, p. 41, n. 5.

[2] On sait que Molière jouait le rôle d'Orgon, et sa femme, Grésinde Béjart, celui d'Elmire. De quel ton et dans quels sentiments le pauvre malheureux prononçait-il ce vers quand il savait si bien que son Elmire n'avait, « en dépit de lui, » que trop de fréquentations ?

[3] Nouvelle *mortification*; mais la réponse vaut bien la demande. — « La scène la plus admirée, dit M. Louis Veuillot, est celle du troisième acte, dans laquelle Orgon, apprenant que Tartufe a voulu corrompre sa femme, répond à cette dénonciation, confirmée par Elmire, en faisant à Tartufe une donation de tous ses biens. Les commentateurs s'extasient sur cette scène étonnante. Étonnante en effet ! non seulement par la crédulité d'Orgon, qui tient du prodige, mais par cette fureur de dupe qui le porte à dépouiller ses enfants. Il n'est pas possible de forcer plus outrageusement la nature, et Orgon devient une sorte de monstre plus rebutant que Tartufe lui-même. Après lui avoir ôté l'esprit, Molière lui ôte ici le cœur ; en quoi il pèche deux fois contre la plus indispensable vraisemblance, ce trait d'Orgon n'étant ni d'un père, ni d'un chrétien qui observe sa religion. Il n'y a point de dévot, pour absurde et mauvais chrétien qu'on le suppose, qui ne sache qu'une part au moins de son bien appartient à ses enfants, et qui se décide à les dépouiller sans consulter son confesseur. Est-ce qu'Orgon ne se confesse pas, ou faut-il supposer que Tartufe a gagné le confesseur d'Orgon ? Mais alors tout cela crève de scélératesse et d'iniquité ; c'est une histoire de bandits

ORGON

Le pauvre homme! Allons vite en dresser un écrit;
Et que puisse l'envie en crever de dépit!

que nous avons sous les yeux, et non pas un épisode du spectacle ordinaire de la vie. — Notez que ce brutal d'Orgon, ce fanatique sans yeux, sans jugement, sans entrailles, représente le vrai dévot, par opposition au faux dévot qui est Tartufe! » — Où est dans tout ceci, comme dans ce qui va suivre, « l'aimable comédie » que voulait Boileau? Où est dans ce drame sombre cette sérénité de la muse comique dont il faisait son premier caractère, lorsqu'il disait :

La comédie apprit à rire sans aigreur!

Qui peut-il faire rire ici, ce Molière qui écrivait lui-même, à propos de son art : « C'est une étrange entreprise que celle de faire rire les honnêtes gens? »

ACTE QUATRIÈME

—

SCÈNE I

CLÉANTE, TARTUFE

CLÉANTE

Oui, tout le monde en parle, et vous m'en pouvez croire.
L'éclat [1] que fait ce bruit n'est pas à votre gloire ;
Et je vous ai trouvé, Monsieur, fort à propos
Pour vous en dire net ma pensée en deux mots.
Je n'examine point à fond ce qu'on expose ;
Je passe là-dessus, et prends au pis la chose [2].
Supposons que Damis n'en ait pas bien usé [3],
Et que ce soit à tort qu'on vous ait accusé :
N'est-il pas d'un chrétien de pardonner l'offense
Et d'éteindre en son cœur tout désir de vengeance ?
Et devez-vous souffrir, pour votre démêlé,
Que du logis d'un père un fils soit exilé [4] ?

[1] *Éclat*, étonnement suivi de scandale dans le public, manifestation qui fait scandale :
N'aimant que le scandale et l'éclat dans le vice. (BOIL., *Sat.* X.)
— « Cet *éclat* que fait un *bruit*, » ne semble pas une expression très heureuse.

[2] *Prendre au pis une chose*, c'est l'envisager dans le pire état où elle puisse être.

[3] Voir ci-dessus, p. 41, n. 5.

[4] On a vu plus haut que la vraisemblance ne saurait le souffrir davantage. — Assurément « il est d'un chrétien de pardonner l'offense », et c'est pour l'Évangile une gloire qui suffirait seule à prouver sa divinité, d'avoir enseigné au monde cette sublime morale ; mais ici Cléante renverse trop béatement les rôles ; c'est Tartufe, et non Damis, qui a besoin de pardon. D'ailleurs le bonhomme, qui paraissait

Je vous le dis encore, et parle avec franchise,
Il n'est petit ni grand qui ne s'en scandalise;
Et, si vous m'en croyez, vous pacifierez tout,
Et ne pousserez point les affaires à bout.
Sacrifiez à Dieu toute votre colère,
Et remettez le fils en grâce avec le père.

TARTUFE

Hélas! je le voudrais, quant à moi, de bon cœur :
Je ne garde pour lui, Monsieur, aucune aigreur;
Je lui pardonne tout; de rien je ne le blâme,
Et voudrais le servir du meilleur de mon âme;
Mais l'intérêt du Ciel n'y saurait consentir,
Et s'il rentre céans, c'est à moi d'en sortir [1].
Après son action, qui n'eut jamais d'égale,
Le commerce entre nous porterait [2] du scandale;
Dieu sait ce que d'abord tout le monde en croirait!
A pure politique [3] on me l'imputerait;
Et l'on dirait partout que, me sentant coupable,
Je feins pour qui m'accuse un zèle charitable;
Que mon cœur l'appréhende, et veut le ménager,
Pour le pouvoir, sous main, au silence engager.

CLÉANTE

Vous nous payez ici d'excuses colorées [4];

---

tantôt si bien connaître son hypocrite, n'aurait-il rien de mieux à faire, dans une situation si critique, et « en éteignant dans son cœur tout désir de vengeance », bien entendu, que de débiter placidement à son aise de philosophiques sentences? Comme tout cela est bien capable de gêner un scélérat et un escroc tel que Tartufe! On peut sentir ici surtout la justesse de cette remarque de Rousseau : « Les honnêtes gens de Molière ne sont que des gens qui parlent; les vicieux sont des gens qui agissent, et que les plus brillants succès favorisent le plus souvent. » — Inutile d'ajouter que Molière ne pèche pas ici plus qu'ailleurs par inadvertance; mais ne faut-il pas que le saint homme venge la vraie dévotion? En vérité, il ne peut se refuser à cette œuvre de « zèle »,
Et l'intérêt du Ciel n'y saurait consentir.

[1] Le mal ne serait pas grand.

[2] *Porterait. Porter,* au sens d'amener, entraîner avec soi :
Accepter de l'argent *porte* en soi quelque honte.
(CORN., *Suite du Ment.*, I, 11.)

[3] *Politique,* manière adroite de parvenir à ses fins : « Cette malheureuse *politique* qui nous fait avoir pour les grands une complaisance si aveugle. » (BOURD., *Pass. de J.-C.*)

[4] *Colorées,* d'une apparence capable de séduire, de tromper :
Cette offre peut-elle être un refus coloré ? (CORN., *Tois. d'or*, I, III.)

Et toutes vos raisons, Monsieur, sont trop tirées [1].
Des intérêts du Ciel pourquoi vous chargez-vous [2] ?

[1] *Tirées*, forcées. On dit de même : *Tiré de loin, tiré par les cheveux:* « Tout en lui (le prince de Conti) coulait de source; rien de *tiré*, d'affecté. » (SAINT-SIMON.)

[2] Voilà le *dévot* Cléante qui tombe dans l'indifférence et raisonne un peu à la façon d'un libre penseur; car ceci va plus loin que Tartufe, et ce sont là des maximes générales souvent répétées. — Bourdaloue a un beau sermon *sur le zèle pour la défense des intérêts de Dieu;* il faudrait ici le citer tout entier pour montrer aux jeunes gens chrétiens ce que valent ces principes de Molière, qui s'est peint, dit-on, sous les traits de Cléante.

Des intérêts du Ciel pourquoi vous chargez-vous ?

— « Pourquoi ? répond Bourdaloue, parce qu'il est de la grandeur de Dieu d'être servi par des hommes qui fassent gloire d'être à lui et de se déclarer pour lui; et il n'y a point de prudence qui puisse affaiblir la force et l'obligation de ce devoir... Les intérêts de Dieu, c'est-à-dire ce qui touche son culte, sa religion, sa loi, son honneur, sa gloire, sont d'un ordre si relevé, qu'ils ne peuvent jamais être balancés par nul autre intérêt; et d'ailleurs ces mêmes *intérêts de Dieu sont tellement entre nos mains,* que vous et moi nous en devons être les garants, et qu'autant de fois qu'ils souffrent quelque altération et quelque déchet, *Dieu a soin de s'en prendre à nous,* puisque ce dommage qu'ils souffrent n'est que *l'effet et une suite de notre infidélité.* Or c'est ce qui arrive tous les jours, lorsque par une fausse politique nous négligeons de les maintenir, et que, nous en reposant sur Dieu même (*A-t-il besoin de nous?* dit le vertueux Cléante), nous nous faisons des prétextes pour nous taire quand il faudrait parler, pour dissimuler quand il faudrait agir, pour tolérer et pour conniver quand il faudrait reprendre et punir... » Et l'orateur poursuit et démontre avec une invincible logique l'obligation imposée à tous les hommes, quelle que soit leur condition, de donner à Jésus-Christ, à sa loi, à son Église, un témoignage public de leur amour et de leur servitude : « Qui n'est pas avec moi, est contre moi, » dit le Sauveur: *Qui non est mecum, contra me est.* Tous les hommes doivent la guerre à l'impiété. Parlez tant que vous voudrez de « dévotion humaine et traitable », de bonnes actions silencieuses pour corriger les actions vicieuses d'autrui; criez sur tous les tons que c'est ainsi qu'il en faut user : « En user ainsi, reprend Bourdaloue, c'est donner aux ennemis de Dieu, à l'impiété, au vice, tout l'avantage qu'ils demandent et les mettre en possession de cet empire qu'ils tâchent par toutes sortes de moyens à usurper. Saint Augustin observe que le libertinage ne demande pas précisément d'être applaudi, d'être soutenu et appuyé: il se contente qu'on le tolère, et c'est assez pour lui de n'être point traversé et inquiété. Quand donc vous le laissez en paix, vous lui accordez tout ce qu'il prétend. Avec cela, et sans autre secours, il est toujours parvenu à ses fins. Voilà ce qui a multiplié les schismes et les hérésies. »

Des intérêts du Ciel pourquoi vous chargez-vous ?

Pour punir le coupable a-t-il besoin de nous?
Laissez-lui, laissez-lui le soin de ses vengeances 1 :

— Et pourquoi un fils se charge-t-il des intérêts de ses parents, un serviteur des intérêts de son maitre, un ami des intérêts de son ami ? Et le chrétien resterait indifférent aux intérêts de Dieu! Ce n'est pas ainsi qu'en ont usé les saints. « Agissez avec respect, mais agissez avec force, l'un n'est point contraire à l'autre. Honorez la dignité, honorez la personne, mais condamnez l'injustice et l'iniquité... » (I⁴ Part.)

¹ En écartant le cas de Tartufe et en prenant ces vers au sens général que leur donne l'indifférentisme de Mollére, on voit que ces maximes ne sont autre chose que de fausses conséquences logiquement déduites du faux principe précédent. — Si le chrétien ne peut, sans crime, rester indifférent aux intérêts de Dieu, la créature raisonnable aux intérêts de son Créateur, le fils adoptif du Seigneur aux intérêts de son Père céleste, il est clair qu'il ne peut davantage rester indifférent à la violation des droits et des commandements divins, et que s'il a l'autorité en main, il doit la faire servir avant tout à la défense de Celui qui l'en a revêtu; car « pourquoi commandent les hommes, si ce n'est pour faire que Dieu soit obéi! » dit Bossuet (Reine d'Angl.). — Qu'on se figure, pour bien apprécier cette indifférence religieuse tant célébrée de nos jours, un Cléante de l'époque, débitant ses apophtegmes devant un roi comme Charlemagne ou saint Louis:

Des intérêts du Ciel pourquoi vous chargez-vous ?
Laissez-lui, laissez-lui le soin de ses vengeances !

devant un Godefroy de Bouillon partant pour la Croisade, devant une reine comme Blanche de Castille, disant à son enfant: « Doux fils, vous m'êtes bien cher, et pourtant j'aimerais mieux vous voir mort que coupable d'un seul péché mortel. » etc., etc. On entend d'ici la réponse. — Vidi prævaricantes et tabescebam, s'écriait David: « Seigneur, j'ai vu votre nom outragé, et j'en séchais de douleur. » (Ps. CXVIII.) — « Le premier devoir des rois et le plus connu, disait Bossuet à Louis XIV, c'est d'exterminer les blasphèmes. Jésus-Christ est un grand roi; et le moindre respect qu'on doive aux rois c'est de parler d'eux avec honneur. Un roi ne permet pas dans ses États qu'on parle irrévéremment, même d'un roi ennemi. Et quoi donc, ô Jésus-Christ, Roi des rois! souffrira-t-on qu'on vous méprise et qu'on vous blasphème, même au milieu de votre empire! Qu'elle serait cette indignité! Sire, un regard de votre face sur ces blasphémateurs et sur ces impies, afin qu'ils n'osent paraître, et qu'on voie s'accomplir en votre règne ce qu'a prédit le prophète Amos : « que la cabale des libertins sera renversée. » Auferetur factio lascivientium (AM. VI, 7); et ce mot du roi Salomon : « Un roi sage dissipe les impies, et les voûtes des prisons sont leurs demeures. » Dissipat impios rex sapiens, et incurvat super eos fornicem (Prov. XX, 26); sans égard ni aux conditions ni aux personnes: car il faut un châtiment rigoureux à une telle insolence. — Non seulement les blasphèmes, mais tous les crimes publics et scanda-

Ne songez qu'au pardon qu'il prescrit des offenses,
Et ne regardez point aux jugements humains !
Quand vous suivez du Ciel les ordres souverains.
Quoi ! le faible intérêt de ce qu'on pourra croire
D'une bonne action empêchera la gloire !
Non, non ; faisons toujours ce que le Ciel prescrit,
Et d'aucun autre soin ne nous brouillons l'esprit[2].

TARTUFE

Je vous ai déjà dit que mon cœur lui pardonne ;
Et c'est faire, Monsieur, ce que le Ciel ordonne :
Mais, après le scandale et l'affront d'aujourd'hui
Le Ciel n'ordonne pas que je vive avec lui.

CLÉANTE

Et vous ordonne-t-il, Monsieur, d'ouvrir l'oreille
A ce qu'un pur caprice à son père conseille ?
Et d'accepter le don qui vous est fait d'un bien
Où le droit vous oblige à ne prétendre rien[3] ?

TARTUFE

Ceux qui me connaîtront n'auront pas la pensée
Que ce soit un effet d'une âme intéressée.
Tous les biens de ce monde ont pour moi peu d'appas ;
De leur éclat trompeur je ne m'éblouis pas ;
Et, si je me résous à recevoir du père
Cette donation qu'il a voulu me faire,
Ce n'est, à dire vrai, que parce que je crains
Que tout ce bien ne tombe en de méchantes mains ;

---

leux doivent être le juste objet de l'indignation du prince. « Le roi, dit le même Salomon, assis dans le trône de son jugement, dissipe tout le mal par sa présence. » *Rex qui sedet in solio judicii dissipat omne malum intuitu suo* (*Ibid.* 8)... — Enfin le dernier devoir des princes chrétiens, et le plus important de tous pour faire régner Jésus-Christ dans leurs États, c'est qu'après avoir dissipé les vices, ils doivent élever, défendre, favoriser la vertu, etc. »(Boss., 3e *Serm. pour le dim. des Ram.*, *sur les devoirs des rois.*)

[1] *Regarder à*, sens neutre : faire attention, prendre garde : « Vous devriez un peu mieux *regarder aux choses* que vous dites. » (MoL., *Bourg. gentilh.*, IV, VI.)

[2] Excellente maxime : mais comment concilier ce qui précède avec cette « prescription » renfermée dans ces paroles de Jésus-Christ : *Qui confitebitur me coram hominibus, confitebor et ego eum coram Patre meo. — Qui me erubuerit et meos sermones ; hunc Filius hominis erubescet cum venerit in majestate sua.* (MATTH., X, 32 — LUC., IX, 26.)

[3] Bien frappé.

Qu'il ne trouve des gens qui, l'ayant en partage,
En fassent dans le monde un criminel usage,
Et ne s'en servent pas, ainsi que j'ai dessein,
Pour la gloire du Ciel et le bien du prochain [1].

[1] *Le pauvre homme!* — Les commentateurs, comme Aimé Martin, Sainte-Beuve, pour ne citer que des morts, et autres ennemis de la *morale relâchée* (où donc le rigorisme ne va-t-il pas se nicher?), brûlent ici un grain d'encens aux *Provinciales*, et lancent un anathème aux casuistes, pour ne pas dire tout à fait aux jésuites. « Tartufe, dit Sainte-Beuve, a évidemment lu et digéré la 7e *Provinciale*; il sait sa théorie. Il pratique ici cette grande méthode de *direction d'intention* qui consiste à se proposer pour fin de ses actions équivoques un objet permis. » — Qu'est-ce que cette *morale relâchée* dont parlent si souvent, de nos jours, en se voilant la face, ceux-là surtout qui ne connaissent, pour ainsi dire, aucune morale? C'est une qualification aussi fausse qu'élastique indistinctement attribuée par le jansénisme aux doctrines des plus illustres théologiens de la Compagnie de Jésus, lesquels sont d'ailleurs reconnus dans l'Église pour les maîtres de la science sacrée. Parce que, au moment des premières luttes avec l'hérésie rigoriste, quelques auteurs, qui tous du reste n'étaient pas jésuites, avaient donné parfois dans un excès contraire et formulé certaines propositions d'un laxisme outré, la secte, peu « rigoriste » alors dans le choix des moyens, étendit cette accusation d'une manière générale, non seulement aux casuistes qui l'avaient sur quelques points plus ou moins méritée, mais elle s'appliqua surtout à la diriger contre ces princes de la théologie qui s'appellent Suarez, « en qui l'on entend toute l'école, » dit Bossuet; Vasquez, qui est, avec Suarez, « la lumière de la théologie », dit le savant pape Benoît XIV; Lessius, Sanchez, Layman, cités avec tant d'honneur et de vénération par saint Alphonse de Liguori, etc. etc. On sait trop, hélas! que de tels mensonges il est resté, comme toujours, quelque chose. La faute en est à Pascal, qui, abaissant son génie au vil métier de faussaire et de calomniateur, entassa des pages de textes audacieusement falsifiés, de passages habilement tronqués, de citations arrangées avec art, et, les mettant ainsi ajustés dans la bouche d'un jésuite non moins imperturbable que sot, composa de cette loyale façon ces *Lettres Provinciales* que l'ennui, malgré le talent de l'écrivain, aurait depuis longtemps tuées, si elles ne servaient toutes les haines vouées à la Compagnie de Jésus, et, mieux encore, à l'Église catholique. Or l'on voit par la triste expérience de quantité d'écrivains de nos jours, qu'il y a là, même sans esprit et sans littérature, un infaillible moyen de succès.

Quant à la *direction d'intention* que relève ici Sainte-Beuve, est-il besoin de dire que jamais aucun théologien catholique ne l'a pu faire consister dans cette criminelle sottise dont le « calomniateur de génie » ne craint pas d'affubler de pieux théologiens? — des génies, à

CLÉANTE

Hé, Monsieur, n'ayez point ces délicates craintes
Qui d'un juste héritier peuvent causer les plaintes.
Souffrez, sans vous vouloir embarrasser de rien,
Qu'il soit à ses périls possesseur de son bien;
Et songez qu'il vaut mieux encor qu'il en mésuse,
Que si de l'en frustrer il faut qu'on vous accuse.
J'admire [1] seulement que, sans confusion,
Vous en ayez souffert la proposition.
Car enfin le vrai zèle a-t-il quelque maxime
Qui montre à [2] dépouiller l'héritier légitime?
Et, s'il faut que le Ciel dans votre cœur ait mis
Un invincible obstacle à vivre avec Damis,
Ne vaudrait-il pas mieux qu'en personne discrète
Vous fissiez de céans une honnête retraite,
Que de souffrir ainsi, contre toute raison,
Qu'on en chasse pour vous le fils de la maison?
Croyez-moi, c'est donner de votre prud'homie [3],
Monsieur...

TARTUFE

Il est, Monsieur, trois heures et demie;

leur tour, mais dans un autre genre, — comme ceux que nous avons nommés? C'est une maxime de simple bon sens qu'une action *bonne*, ou simplement *indifférente* en soi, peut être rendue meilleure par l'intention qui l'inspire et la dirige. C'est ainsi que saint Paul nous exhorte « à faire tout pour la plus grande gloire de Dieu »: *Sire manducatis, sire bibitis, sire quid aliud facitis, omnia in gloriam Dei facite* » (COLOS., III, 17); et qu'à raison de cette intention surnaturelle... » action bonne ou indifférente, mais aussi petite que celle du boire ou du manger, devient une œuvre surnaturelle à son tour, et, comme le verre d'eau donné au pauvre au nom de Jésus-Christ, ne restera pas sans récompense. — Pour les actions mauvaises, on sait assez que nulle intention ne peut jamais les justifier; « et lors même,

comme dit saint Augustin, qu'avec le plus léger mensonge, il serait possible de délivrer les damnés de l'enfer, ce léger mensonge ne pourrait être dit : *Non faciamus mala, ut veniant bona.* » (BOSS., III, 8.)

[1] *J'admire*, je m'étonne; sens fréquent de ce verbe avec *de* ou *que*, au XVIIe siècle.

J'admire de le voir au point où le voilà.
    (MOL., *Éc. des Fem.*, I, VI.)

« Pourquoi *admirez-vous* que nous nous soyons trompés, nous qui sommes des hommes ? » (PASC., *Provinc.*, XVIII.)

[2] *Montre*, enseigne à... Ce verbe s'emploie aussi avec ce même sens d'une manière absolue: « Outre le maître d'armes qui me *montre*, j'ai arrêté encore un maître de philosophie. » (MOL., *Bourg. gent.*, I, II.)

[3] *Prud'homie*, probité et sagesse. (Étym.: homme preux, *probus*).

Certain devoir pieux me demande là-haut,
Et vous m'excuserez de vous quitter sitôt [1].

CLÉANTE, *seul.*

Ah!

SCÈNE II

ELMIRE, MARIANE, CLÉANTE, DORINE

DORINE, *à Cléante.*
De grâce, avec nous employez-vous pour elle,
Monsieur : son âme souffre une douleur mortelle;
Et l'accord que son père a conclu pour ce soir
La fait, à tout moment, entrer en désespoir.
Il va venir. Joignons nos efforts, je vous prie,
Et tâchons d'ébranler, de force ou d'industrie,
Ce malheureux dessein qui nous a tous troublés.

SCÈNE III

ORGON, ELMIRE, MARIANE, CLÉANTE, DORINE

ORGON
Ah! je me réjouis de vous voir assemblés.
À Mariane.
Je porte en ce contrat de quoi vous faire rire,
Et vous savez déjà ce que cela veut dire.

---

[1] Tartufe, confondu de toute manière, ne peut plus répondre qu'en vidant la place. Mais, à dire vrai, nous ne trouvons pas que le triomphe de la philosophie de Cléante, — nous ne disons pas, comme certains critiques, de sa *piété modérée, mais sincère,* — soit tellement glorieux : « à vaincre sans péril on triomphe sans gloire. » — D'ailleurs, quel coquin fut jamais assez maladroit pour mettre de pareilles raisons au service de son escroquerie?

MARIANE, aux genoux d'Orgon.

Mon père, au nom du Ciel, qui connaît ma douleur,
Et par tout ce qui peut émouvoir votre cœur,
Relâchez-vous un peu des droits de la naissance [1],
Et dispensez mes vœux [2] de cette obéissance!
Ne me réduisez point, par cette dure loi,
Jusqu'à me plaindre au Ciel de ce que je vous doi;
Et cette vie, hélas! que vous m'avez donnée,
Ne me la rendez pas, mon père, infortunée.
Si contre un doux espoir que j'avais pu former,
Vous me défendez d'être à ce que j'ose aimer,
Au moins, par vos bontés, qu'à vos genoux j'implore,
Sauvez-moi du tourment d'être à ce que j'abhorre,
Et ne me portez point à quelque désespoir
En vous servant sur moi de tout votre pouvoir.

ORGON, se sentant attendrir.

Allons, ferme [3], mon cœur, point de faiblesse humaine!

MARIANE

Vos tendresses pour lui ne me font point de peine;
Faites-les éclater, donnez-lui votre bien,
Et, si ce n'est assez, joignez-y tout le mien;
J'y consens de bon cœur, et je vous l'abandonne :
Mais au moins n'allez pas jusques à ma personne;
Et souffrez qu'un couvent, dans les austérités,
Use les tristes jours que le Ciel m'a comptés [4].

---

[1] *Droits de la naissance:* Droits
que vous avez sur moi parce que
je suis votre fille. — La « naissance » ne donne nullement aux
parents le droit de violenter de la
sorte la vocation, ou même simplement les inclinations légitimes de
leurs enfants; ils ne peuvent (et
c'est là leur devoir) que les diriger
avec amour et sagesse. Le contraire
serait d'une morale qui, pour n'être
point *relâchée*, n'en est pas moins
fausse.

[2] *Mes vœux,* mon désir de vous
être toujours soumise.

[3] *Ferme,* adverbialement :
Allons, *ferme,* poussez, mes bons amis
    de cœur.   (*Misant,* II, v)

— Trait de caractère. Le faible Orgon, qu'on « mène par le bout du
nez », appelle fermeté un sot entêtement, et regarde comme une
« faiblesse humaine » un sentiment si naturel et d'ailleurs si raisonnable.

[4] Comparez la prière de Chimène
au roi dans le *Cid* (act. V, sc. VI).
— Les « austérités du couvent »
sont-elles faites pour des Marianes
dépitées? Ce serait bien mal connaître ces asiles de la virginité
chrétienne et de la perfection religieuse, que de le penser. Une pos-
tulante comme celle qui nous oc-
cupe, et qui n'apporterait au cloître pour toute vocation que son

ORGON

Ah! voilà justement de mes religieuses,
Lorsqu'un père combat leurs flammes amoureuses[1]!
Debout. Plus votre cœur répugne à l'accepter,
Plus ce sera pour vous matière à mériter[2].
Mortifiez vos sens avec ce mariage,
Et ne me rompez pas la tête davantage.

DORINE

Mais quoi!

ORGON

Taisez-vous, vous. Parlez à votre écot[3].
Je vous défends tout net d'oser dire un seul mot.

CLÉANTE

Si par quelque conseil vous souffrez qu'on réponde...

ORGON

Mon frère, vos conseils sont les meilleurs du monde,
Ils sont bien raisonnés, et j'en fais un grand cas;
Mais vous trouverez bon que je n'en use pas.

« dépit amoureux », n'y passerait pas huit jours. Mais dans une comédie sur les « dévots », et où l'on a ri de tant de choses saintes, il faut bien rire un peu aussi des « religieuses »
Pour la gloire du Ciel et le bien du prochain!

[1] Le Saint-Esprit explique d'une manière un peu différente cette admirable vocation qui appelle tant d'âmes pures à marcher avec Marie, la Vierge des vierges, à la suite du divin Roi: *Adducentur Regi virgines post eam.* (Ps. XLIV, 15.) C'est Dieu qui parle d'abord à l'âme qu'il se choisit pour épouse, puis qui la détache du monde, et enfin qui l'attire à lui dans les célestes délices du divin amour: *Audi, filia, et vide, et inclina aurem tuam, — et obliviscere populum tuum, et domum patris tui, — et concupiscet Rex decorem tuum, quia ipse est Dominus Deus tuus.* (Ibid., 11 et 13.) — Les critiques observent

que cette saillie d'Orgon détruit heureusement, par un trait comique, l'effet des prières de Mariane, qui allaient rendre la situation trop touchante pour la comédie.
[2] Ici encore, plus que tout à l'heure, Molière, après avoir montré Orgon sans esprit, le montre aussi sans cœur. Naguère il parlait à sa fille d'un hymen « tout confit en douceur » (act. II, sc. II), et maintenant il l'impose aux justes répugnances de son cœur comme une « matière à mériter ». Le bon père! (Voir ci-dessus, p. 81, n. 2, et p. 122, n. 1.)
[3] *Écot*, compagnie de gens qui mangent ensemble dans une auberge: « Il y a deux *écots* dans ce jardin; laissons-les ensemble. » (DANCOURT.) — *Parlez à votre écot*, se dit à une personne se mêlant de parler à des gens qui ne lui adressent pas la parole; c'est lui dire, comme ici: « Parlez à votre compagnie, et non à nous. »

ELMIRE, à Orgon.

A voir ce que je vois, je ne sais plus que dire,
Et votre aveuglement fait que je vous admire.
C'est être bien coiffé, bien prévenu [1] de lui,
Que de nous démentir sur le fait d'aujourd'hui.

ORGON

Je suis votre valet, et crois les apparences!
Pour mon fripon de fils je sais vos complaisances;
Et vous avez eu peur de le désavouer
Du trait qu'à ce pauvre homme il a voulu jouer [2].
Vous étiez trop tranquille, enfin, pour être crue;
Et vous auriez paru d'autre manière émue.

ELMIRE

Est-ce qu'au simple aveu d'un amoureux transport
Il faut que notre honneur se gendarme [3] si fort?
Et ne peut-on répondre à tout ce qui le touche
Que le feu dans les yeux et l'injure à la bouche?
Pour moi, de tels propos je me ris simplement;
Et l'éclat là-dessus ne me plaît nullement.
J'aime qu'avec douceur nous nous montrions sages,
Et ne suis point du tout pour ces prudes sauvages
Dont l'honneur est armé de griffes et de dents
Et veut au moindre mot dévisager les gens.
Me préserve le ciel d'une telle sagesse!
Je veux une vertu qui ne soit point diablesse [4],

[1] Être prévenu de..., c'est avoir des préventions pour ou contre, comme nous disons aujourd'hui en précisant le sens : « Marc-Aurèle prévenu des calomnies contre le christianisme. » (Boss. Hist.) — « Toutes les modes dont nous sommes prévenus vieilliront peut-être avant nous. » (VAUVEN., Max.)

[2] Jouer un trait, comme nous dirions aujourd'hui : Jouer un tour. C'est une expression fréquente dans Molière :

Mon drôle assurément leur jouera quelque trait.   (Étourdi, III, IX.)

[3] Se gendarmer, s'emporter mal à propos pour peu de chose :

Mais il est véritable aussi que votre esprit

Se gendarme toujours contre tout ce qu'on dit.   (Misanth., II, V.)

[4] La modestie chrétienne est une des choses que n'a point connues Molière; peut-on donc attendre de lui quelque délicatesse sur ces questions? — Mais une autre vertu que celle d'Elmire, — l'idéal de Molière pourtant, a-t-on dit, — sans être « armée de griffes » et « sans dévisager les gens », n'aurait-elle rien de mieux à faire en pareille circonstance que de s'attirer par sa légèreté « de tels propos », et de les écouter avec une patience digne d'un meilleur objet, sauf à « s'en rire simplement » ensuite avec la galerie? — Voici, à ce sujet, d'au-

Et crois que d'un refus la discrète froideur
N'en est pas moins puissante à rebuter un cœur.

ORGON

Enfin, je sais l'affaire et ne prends point le change[1].

ELMIRE

J'admire, encore un coup, cette faiblesse étrange,
Mais que me répondrait votre incrédulité
Si je vous faisais voir qu'on vous dit vérité ?

ORGON

Voir !

ELMIRE

Oui.

ORGON

Chansons[2] !

ELMIRE

Mais, quoi ! si je trouvais manière

---

tres principes que ceux de la morale poqueline :

Je veux une vertu qui ne soit point diablesse,

dit Molière. — « Oh ! pour Dieu ! Philotée, dit à son tour saint François de Sales, soyez rigoureuse en telles occasions. Tournez-vous court de l'autre côté. Gardez-vous bien de venir à aucune sorte de composition avec l'ennemi ; ne dites pas : « Je l'écouterai, mais je ne ferai rien de ce qu'il me dira ; je lui prêterai l'oreille, mais je lui refuserai le cœur. » Oh ! non ; soyez rigoureuse ; le cœur et l'oreille s'entretiennent l'un à l'autre ; et, comme il est impossible d'empêcher un torrent qui a pris sa descente par le penchant d'une montagne, il est aussi difficile d'empêcher que l'amour qui est tombé en l'oreille ne fasse soudain sa chute dans le cœur. Comme notre cœur aspire et exhale ses pensées par la langue, il respire aussi par l'oreille, par laquelle il reçoit les pensées des autres. Gardons donc soigneusement nos oreilles de l'air des folles pa-

roles ; car autrement soudain notre cœur en serait empesté. N'écoutez nulle sorte de proposition, sous quelque prétexte que ce soit ; en ce seul cas il n'y a pas *de danger d'être incivil et agreste.* » (S. FRANÇ. DE S., *Introd.*, IIIᵉ part., ch. XX.) — C'est cependant le plus doux et le plus *poli* des hommes qui parle de la sorte.

[1] Le *change* est, au sens propre, un terme de vénerie, qui signifie la substitution d'une nouvelle bête à celle qui a été lancée d'abord. La bête *donne le change*, en fait lever et poursuivre une autre à sa place. *Les chiens prennent le change*, quittent la bête lancée pour la nouvelle. — On voit par là le sens de ces expressions figurées : *donner* ou *prendre le change*, c'est donc *présenter* ou *prendre* une chose pour une autre, tromper ou se laisser tromper : « Ils se *donnent* sans cesse le *change* à eux-mêmes. » (MASSIL., *Carême, Doutes.*) — « Le monde ne *prend* pas le *change* sur vos sentiments. » (*Ibid., Pardon.*)

[2] Voir ci-dessus, p. 73, n. 2.

De vous le faire voir avec pleine lumière?...

ORGON

Contes en l'air!

ELMIRE

Quel homme! Au moins répondez-moi :
Je ne vous parle pas de nous ajouter foi ;
Mais supposons ici que, d'un lieu qu'on peut prendre
On vous fît clairement tout voir et tout entendre,
Que diriez-vous alors de votre homme de bien?

ORGON

En ce cas, je dirais que... Je ne dirais rien,
Car cela ne se peut.

ELMIRE

L'erreur trop longtemps dure
Et c'est trop condamner ma bouche d'imposture.
Il faut que, par plaisir, et sans aller plus loin [1],
De tout ce qu'on vous dit je vous fasse témoin.

ORGON

Soit. Je vous prends au mot. Nous verrons votre adresse,
Et comment [2] vous pourrez remplir cette promesse.

ELMIRE, à Dorine.

Faites-le-moi [3] venir.

DORINE, à Elmire.

Son esprit est rusé ;
Et peut-être à surprendre il sera malaisé.

ELMIRE, à Dorine.

Non : on est aisément dupé par ce qu'on aime,
Et l'amour-propre engage à se tromper soi-même.

A Cléante et à Mariane.

Faites-le-moi descendre. Et vous, retirez-vous.

---

[1] *Sans aller plus loin,* sans plus tarder.

[2] *Nous verrons votre adresse* et *comment...* Nouvel exemple de la construction irrégulière des complé- ments d'un même verbe, déjà remarquée p. 43, n. 5.

[3] *Moi,* explétif, comme ci-dessus, p. 99, n. 4.

SCÈNE IV

ELMIRE, ORGON

ELMIRE

Approchons cette table, et vous mettez dessous[1].

ORGON

Comment?

ELMIRE

Vous bien cacher est un point nécessaire.

ORGON

Pourquoi sous cette table?

ELMIRE

Ah! mon Dieu! laissez faire,
J'ai mon dessein en tête, et vous en jugerez.
Mettez-vous là, vous dis-je; et, quand vous y serez,
Gardez[2] qu'on ne vous voie et qu'on ne vous entende.

ORGON

Je confesse qu'ici ma complaisance est grande :
Mais de votre entreprise il vous faut voir sortir.

ELMIRE

Vous n'aurez, que je crois[3], rien à me repartir.

Une fois Orgon caché sous la table, Elmire le prévient de nouveau que c'est à son intention qu'elle va parler et faire parler aussi Tartufe :

Quoi que je puisse dire, il doit[4] m'être permis,
Et c'est pour vous convaincre ainsi que j'ai promis.

---

[1] *Vous mettez.* C'est un usage assez fréquent au XVIIe siècle, dans des phrases comme celle-ci, où deux verbes à l'impératif se suivent, et où le second est accompagné d'un pronom complément, de mettre ce pronom avant le verbe pour donner plus de précision à la phrase :

Va, cours, vole et nous venge.
(CORN., *Cid*, I, v.)
Polissez-le sans cesse et le repolissez.
(BOIL., *Art poét.*, I.)

[2] *Gardez*, au sens neutre, *prendre garde;* acception fréquente au XVIIe siècle :

Gardez qu'une voyelle, à courir trop hâtée,
Ne soit d'une voyelle en son chemin heurtée. (BOIL., *Art. poét.*, I.)

[3] *Que je crois.* (V. ci-dessus, p. 61, n. 1.)

[4] Voir ci-dessus, p. 44, n. 2.

SCÈNE V

TARTUFE, ELMIRE, ORGON

Là-dessus Tartufe arrive, et alors, pour la complète édification du sot personnage caché sous la table et dont il ignore la présence, Elmire amène l'hypocrite à donner une seconde répétition de la scène du III⁰ acte. En même temps elle profite de la circonstance pour lui fournir l'occasion de s'expliquer sur les principes de religion qu'il a sans cesse à la bouche, ou plutôt lui faire « tourner en ridicule, comme dit Bourdaloue, les choses les plus saintes, la crainte des jugements de Dieu, l'horreur du péché. » On lui parle de la crainte « d'offenser le Ciel », il répond :

Si ce n'est que le Ciel qu'à mes vœux on oppose,
Lever un tel obstacle est à moi peu de chose;
Et cela ne doit point retenir votre cœur.

ELMIRE
Mais des arrêts du Ciel on nous fait tant de peur!

TARTUFE
Je puis vous dissiper ces craintes ridicules,
Madame; et je sais l'art de lever les scrupules 1.
Le Ciel défend, de vrai 2, certains contentements;
Mais on trouve avec lui des accommodements.

(C'est un scélérat qui parle.)

L'observation est de Molière lui-même, devenu ainsi subitement

---

[1] Cet art a été porté depuis lors à son comble de simplicité et de perfection par nos modernes libres penseurs. Il consiste tout uniment à nier Dieu, l'âme, la conscience, partant, toute morale: témoin cette proposition condamnée par le *Syllabus:* « Il ne faut reconnaître d'autres forces que celles qui résident dans la matière, et tout système de morale, toute honnêteté, doit consister à accumuler et augmenter de toute manière ses riches-ses, et à se procurer des jouissances. » (58⁰ prop.) On sait d'ailleurs ce que signifie chez ces moralistes *un homme sans préjugés.* — Comme ils doivent trouver sot ce pauvre Tartufe! sauf toutefois à l'admirer officiellement en récompense de ses services contre les cléricaux.

[2] *De vrai,* il est vrai. On dit de même: *de fait;* et l'on trouvera plus loin, *de léger :*

Moi-même qui ne crois *de léger* aux
merveilles. (RÉGNIER, *Sat.* XIII.)

scrupuleux. Toutefois, avec un pareil scrupule, comme avec « le Ciel », il est pour lui « des accommodements »; son Tartufe poursuit du même ton:

Selon divers besoins, il est une science,
D'étendre les liens de notre conscience,
Et de rectifier le mal de l'action
Avec la pureté de notre intention [1].
De ces secrets, Madame, on saura vous instruire.

Que doit penser maintenant Orgon de ce M. Tartufe, dont il s'était « si fort coiffé »? Elmire se le demande, et, pour appeler mieux encore son attention, elle tousse avec force et à plusieurs reprises. Tartufe s'en aperçoit:

Vous toussez fort, Madame.

ELMIRE

Oui, je suis au supplice.

TARTUFE

Vous plaît-il un morceau de ce jus de réglisse?

ELMIRE

C'est un rhume obstiné, sans doute, et je vois bien
Que tous les jus du monde ici ne feront rien.

TARTUFE

Cela, certe, est fâcheux.

[1] Ici, naturellement, chez les commentateurs, nouvel hommage à Pascal, nouvel anathème aux casuistes. En effet, Molière ne fait qu'y mettre en vers deux lignes de la VII° *Provinciale*. D'après Aimé Martin, ce sont là « les derniers coups portés à cette odieuse doctrine ». Mais songe-t-on que cette doctrine, odieuse en effet, si jamais elle eût existé, est autrement soutenue, acclamée, glorifiée, de nos jours, par ceux-là même qui s'en scandalisent avec tant de naïveté dans *Tartufe* et les *Provinciales*? Ce que répète ici Tartufe, qu'est-ce autre chose que le fameux principe du *fait accompli*, ou de la *fin justifiant les moyens*? N'est-ce pas la même doctrine sous un nom et un masque différents? Or voici, dans le *Syllabus* de Pie IX (8 déc. 1864), la proposition *condamnée* qui la contient: « Le droit consiste dans le fait matériel, et tous les faits humains ont force de droit. » (59° prop.) — Et encore: « Une injustice de fait couronnée de succès ne porte aucune atteinte à la sainteté du droit. » (61° prop.) — Cependant on n'a pas oublié quel concert de haines et de récriminations, qui n'ont pas encore pris fin, s'est élevé contre le grand Pontife dont la voix infaillible condamnait ces erreurs. — Expliquez ces contradictions, qui ne sont pas les seules chez les ennemis de l'Église: C'est toujours l'iniquité qui se ment à elle-même: *Mentita est iniquitas sibi*.

ELMIRE

Oui, plus qu'on ne peut dire.

Puis Tartufe complète l'exposé de sa théorie, interrompue par la toux d'Elmire :

Et le mal n'est jamais que dans l'éclat qu'on fait.
Le scandale du monde est ce qui fait l'offense,
Et ce n'est pas pécher que pécher en silence.

Nouvel accès de toux à l'adresse d'Orgon. Alors, suffisamment édifiée sur cette morale, comme il doit l'être aussi sans doute à son tour, Elmire amène la conversation sur son mari, afin de faire entendre de ses propres oreilles à cette niaise dupe la manière dont il est lui-même traité par son dévot client, et lui ménager l'occasion, s'il juge alors la démonstration assez complète, de sortir de sa cachette comme le *deus ex machina* pour faire un coup de théâtre. Or il peut être content; voici son paquet :

ELMIRE

Ouvrez un peu la porte, et voyez, je vous prie,
Si mon mari n'est point dans cette galerie.

TARTUFE

Qu'est-il besoin du soin que pour lui vous prenez!
C'est un homme, entre nous, à mener par le nez.
De tous nos entretiens il est pour faire gloire,
Et je l'ai mis au point de voir tout sans rien croire.

Tartufe sort donc un moment, et Orgon, à son tour, quitte le couvert du tapis.

SCÈNE VI

ORGON, ELMIRE

ORGON, sortant de dessous la table.

Voilà, je vous l'avoue, un abominable homme!
Je n'en puis revenir, et tout ceci m'assomme [1].

_____

[1] *M'assomme*, me frappe comme d'un coup de massue: « La mort de | M. du Mans *m'assomme*. » (Mᵐᵉ DE | SÉVIGNÉ.)

E'mire lui répond avec ironie, et tout ensemble avec un dépit excité par la trop longue patience du sot si difficile à désabuser :

Quoi! vous sortez si tôt! vous vous moquez des gens!
Rentrez sous le tapis, il n'est pas encor temps :
Attendez un peu plus pour voir les choses sûres,
Et ne vous fiez point aux simples conjectures.

ORGON

Non, rien de plus méchant n'est sorti de l'enfer.

ELMIRE

Mon Dieu! l'on ne doit point croire trop de léger[1].
Laissez-vous bien convaincre avant que de vous rendre,
Et ne vous hâtez pas, de peur de vous méprendre.

SCÈNE VII

TARTUFE, ELMIRE, ORGON

Mais Orgon n'en veut pas davantage, et au retour de Tartufe il éclate, et veut chasser de sa maison l'hypocrite :

Ah! ah! l'homme de bien, vous m'en vouliez donner[2]!...

TARTUFE, à Orgon.

Quoi! vous croyez...?

ORGON

Allons, point de bruit, je vous prie;
Dénichons de céans, et sans cérémonie.

TARTUFE

Mon dessein...

ORGON

Ces discours ne sont plus de saison.
Il faut, tout sur-le-champ, sortir de la maison.

---

[1] *De léger*, comme nous disons, à la *légère*. (V. ci-dessus, p. 128, n. 2.)

[2] *En donner* à quelqu'un, c'est le tromper:

Il est mort! quoi! Monsieur, vous m'en *donnez* aussi! (CORN., *Ment.*, IV, III.)

Cet *en* ne se rapporte grammaticalement à rien, comme dans plusieurs expressions : *en tenir*, *en faire*, etc. (GÉNIN.)

TARTUFE

C'est à vous d'en sortir, vous qui parlez en maître[1] :
La maison m'appartient ; je le ferai connaître,
Et vous montrerai bien qu'en vain on a recours,
Pour me chercher querelle, à ces lâches détours ;
Qu'on n'est pàs où l'on pense en me faisant injure ;
Que j'ai de quoi confondre et punir l'imposture,
Venger le Ciel qu'on blesse, et faire repentir
Ceux qui parlent ici de me faire sortir[2].

SCÈNE VIII

ELMIRE, ORGON

ELMIRE

Quel est donc ce langage ? et qu'est-ce qu'il veut dire ?

ORGON

Ma foi, je suis confus, et n'ai pas lieu de rire.

ELMIRE

Comment ?

ORGON

      Je vois ma faute aux choses qu'il me dit ;
Et la donation m'embarrasse l'esprit.

---

[1] Nouveau coup de théâtre, mais qui tient plus du drame que de la comédie, et l'on va voir que ce n'est pas le dernier de ce genre.

[2] Tartufe est démasqué, et cependant, sans rien perdre d'abord de son assurance, il voudrait encore en imposer à Orgon ; mais comme cette fois c'est inutile, il a recours aux menaces et à la vengeance, tout en parlant dévotion. Certains critiques trouvent cela « d'une effrayante vérité de caractère ». Nous trouvons, nous, tout naturel qu'un scélérat agisse en scélérat ; mais nous ne voyons pas ce que vient faire ici la « vengeance du Ciel ». C'est trop charger le tableau. Un scélérat démasqué achève, à bout de ressources, de se démasquer lui-même, et agit alors à découvert. Il n'invoque plus le Ciel ; il brave tout, au contraire, et les exemples ne manquent pas qui pourraient confirmer cette observation, même de nos jours. — Mais il faut bien rire un peu plus encore du langage de la dévotion ; il y a d'ailleurs, disent ces douces gens, tant de fiel dans l'âme des dévots !

ELMIRE

La donation?

ORGON

Oui. C'est une affaire faite.
Mais j'ai quelque autre chose encor qui m'inquiète.

ELMIRE

Et quoi?

ORGON

Vous saurez tout. Mais voyons au plus tôt
Si certaine cassette est encore là-haut [1].

---

[1] C'est bien surtout à ce quatrième acte que s'applique l'observation suivante d'un critique sur le *Tartufe* en général: « On cherche en vain, dit-il, dans cette satire indignée, dans ce *drame sombre*, écrit avec une admirable vigueur, le sourire accoutumé de la muse comique. Elle a perdu cette sérénité dont Boileau faisait son premier caractère lorsqu'il disait :

La comédie apprit à rire sans aigreur. »
(TIVIER.)

4*

ACTE CINQUIÈME

—

SCÈNE I

ORGON, CLÉANTE

CLÉANTE

Où voulez-vous courir?

ORGON

Las ¹! que sais-je?

CLÉANTE

Il me semble
Que l'on doit commencer par consulter ² ensemble
Les choses qu'on peut faire en cet événement.

ORGON

Cette cassette-là me trouble entièrement;
Plus que le reste encore elle me désespère.

¹ *Las!* comme *hélas!* — Hélas! est l'interjection *hé!* combinée avec l'adjectif *las*, qui a fini par s'employer seul comme interjection: *Las! je n'ai que trop fait!*
(CORN., *Méd.*, 1, 5.)

Dans l'ancienne langue, cette interjection se disait *lasse!* quand c'était une femme qui parlait: « Quand la royne oÿ ce, elle commence à mener moult grand deuil, et dit: « Hé lasse! ce ay-je tout fait! » (JOIN-VILLE.)

² *Consulter*, au sens latin de *dé-* libérer *sur, examiner:* « Cet homme, qui nie sa liberté, ne laissera pas de *consulter* ce qu'il a à faire. » (Bosse., *Lib. arb.*) — Voici une autre phrase de Bossuet, où ce même verbe est employé de deux manières différentes: « Oui, pendant que les médecins *consultent* l'état de sa maladie, ces médecins invisibles (les anges) *consultent* d'un mal bien plus dangereux. » (*Sermons, Imp. fin.*) Cf. Virgile:
Rem nulli obscuram, nostra nec vocis egentem.
Consulis, o bone rex!...
(*Æn.*, XI, 343, 344.)

CLÉANTE

Cette cassette est donc un important mystère?

ORGON

C'est un dépôt qu'Argas, cet ami que je plains,
Lui-même, en grand secret, m'a mis entre les mains.
Pour cela, dans sa fuite, il me voulut élire;
Et ce sont des papiers, à ce qu'il m'a pu dire,
Où sa vie et ses biens se trouvent attachés.

CLÉANTE

Pourquoi donc les avoir en d'autres mains lâchés?

ORGON

Ce fut par un motif de cas de conscience.
J'allai droit à mon traître en faire confidence;
Et son raisonnement me vint persuader
De lui donner plutôt la cassette à garder,
Afin que, pour nier, en cas de quelque enquête,
J'eusse d'un faux-fuyant la faveur toute prête,
Par où ma conscience eût pleine sûreté
A faire des serments contre la vérité [1].

---

[1] Nouveau triomphe pour les vainqueurs de la *morale relâchée*. « C'est ici, disent-ils, la doctrine des *restrictions mentales* que Tartufe a enseignée à Orgon, de même qu'il a voulu enseigner à Elmire celle de la *direction d'intention*. » — Qu'est-ce donc que cette « doctrine des restrictions mentales »? Toute vérité n'est pas à dévoiler; souvent elle ne pourrait l'être sans amener la violation de tel ou tel précepte du décalogue, de celui qui défend la médisance, par exemple; d'ailleurs il doit toujours être possible de garder un secret, et parfois c'est de toute nécessité; ainsi le secret naturel, le secret professionnel, le secret confié, s'imposent à la conscience de celui qui les connaît, etc. Or une question indiscrète, injuste même, peut très bien attaquer cette vérité qu'on doit tenir cachée, et qui ne pourrait être avouée sans faute ou sans danger.

Il faut donc concilier ensemble, dans ce cas, le précepte qui défend le mensonge avec l'obligation de taire la vérité que peuvent imposer dans le même temps la charité, la justice, le devoir d'état, ou toute autre raison grave. De là cette fameuse « doctrine des restrictions mentales », laquelle, prise dans le sens où l'explique la saine théologie catholique, consiste, non pas « à dire une vérité tout bas et un mensonge tout haut », comme dit Pascal, mais à répondre d'une manière évasive, sans toutefois trahir la vérité d'une manière ni de l'autre. Ainsi, saint Athanase, rencontrant ses ennemis qui le poursuivent et qui lui demandent s'il n'a point vu Athanase, répond : *Hâtez-vous, il n'est pas loin*, et de la sorte échappe à leur poursuite. Telles sont certaines manières de parler reçues dans la société, certaines expressions qui, sans être littéralement vraies,

CLÉANTE

Vous voilà mal, au moins, si j'en crois l'apparence;
Et la donation, et cette confidence,
Sont, à vous en parler selon mon sentiment,
Des démarches par vous faites légèrement.

ne sont point des mensonges, parce que le sens de ces expressions peut être compris assez facilement, eu égard soit à l'usage du pays, soit aux circonstances du temps, du lieu, de la personne qui interroge, ou de celle qui répond. On demande à un domestique si son maître est chez lui, il répond qu'il n'y est pas. Cette réponse, d'après l'usage, ne signifie pas toujours que le maître est sorti, mais qu'il ne reçoit pas; on n'y est trompé que lorsqu'on ignore les usages du monde. C'est ainsi encore que l'on répond : *Je n'en sais rien*, quand on ne veut pas répondre du tout; qu'une personne sachant une chose sous le secret, peut dire qu'elle l'ignore, parce qu'elle ne sait pas cette chose pour la pouvoir dire, et que sa réponse équivaut tout simplement à un refus de répondre; tant pis pour l'*indiscret* qui s'y laisse prendre. — Que si dans une question si délicate, et, malgré les railleries de Pascal et de Molière, — si difficile, quelques théologiens sont parfois allés trop loin et se sont trompés, c'est de la faiblesse humaine et non de la théologie « relâchée ». D'ailleurs l'Église a relevé ces quelques erreurs; tout le monde s'est soumis alors à cette condamnation, et les auteurs blâmés, avant tous les autres; quel sujet de triomphe peuvent donc trouver ici des hommes qui, comme Pascal, vivent et meurent dans la *révolte* contre l'autorité de l'Église? quel sujet de scandale surtout peut-il y avoir pour eux dans ces

erreurs passagères de « la sagesse humaine, toujours courte, d'ailleurs, par quelque endroit? » — Du reste, c'est bien mal choisir le lieu de manifester leur vertueuse indignation; car assurément, dans le cas d'Orgon, la « restriction mentale », à lui proposée par Tartufe, n'a rien que de très licite; puisque, une fois la cassette confiée à d'autres mains, Orgon, sans aucun « faux-fuyant », et en « pleine sûreté de conscience », peut évidemment assurer qu'il n'a point ce dépôt, et les « serments » qu'il peut en faire ne seraient nullement, comme on le voit aussi, des « serments contre la vérité ». Nous ne voulons pas demander à ces austères moralistes quelle serait leur conduite en pareille circonstance, et quels sont les principes de la libre pensée sur cette question. Comme ils riaient alors des scrupules de ce pauvre Escobar de leurs *Provinciales!* lequel, soit dit en terminant cette longue note, n'a cependant pas plus inventé les « restrictions mentales », quoi qu'ils en disent, qu'il n'a inventé les modernes démentis officiels, qu'on nommerait plus justement parfois des mensonges officieux. Ce n'est pas lui non plus qui a inventé le fameux : « Mentez, mentez, mes amis, non pas timidement, mais hardiment et comme des diables; mentez, mentez toujours. Il en restera quelque chose. » Le brevet attribué à cette jolie découverte ne porte le nom d'aucun casuiste, relâché ou non relâché, mais bien celui de M. de Voltaire,

On peut vous mener loin avec de pareils gages :
Et cet homme sur vous ayant ces avantages,
Le pousser est encor grande imprudence à vous;
Et vous deviez chercher quelque biais plus doux.

ORGON

Quoi! sous un beau semblant de ferveur si touchante,
Cacher un cœur si double, une âme si méchante!
Et moi qui l'ai reçu gueusant et n'ayant rien...
C'en est fait, je renonce à tous les gens de bien;
J'en aurai désormais une horreur effroyable,
Et m'en vais devenir pour eux pire qu'un diable 1.

CLÉANTE

Eh bien! ne voilà pas 2 de vos emportements!
Vous ne gardez en rien les doux tempéraments,
Dans la droite raison n'entre jamais la vôtre;
Et toujours d'un excès vous vous jetez dans l'autre.
Vous voyez votre erreur, et vous avez connu
Que par un zèle feint vous étiez prévenu.
Mais, pour vous corriger, quelle raison demande
Que vous alliez passer dans une erreur plus grande,
Et qu'avecque 3 le cœur d'un perfide vaurien,
Vous confondiez les cœurs de tous les gens de bien?
Quoi! parce qu'un fripon vous dupe avec audace,
Sous le pompeux éclat d'une austère grimace,
Vous voulez que partout on soit fait comme lui,
Et qu'aucun vrai dévot ne se trouve aujourd'hui?
Laissez aux libertins ces sottes conséquences :
Démêlez la vertu d'avec ses apparences,
Ne hasardez jamais votre estime trop tôt,

1 « Aimable caractère, dit M. Louis Veuillot, et propre à relever la vraie dévotion dans l'estime de ceux des spectateurs qui n'auront pas eu la bonne fortune de rencontrer Alcidamas et Ariston!... Orgon, s'apercevant qu'il a été trompé, tombe dans une imbécile fureur, et déclare la guerre à tous « les gens de bien ». C'est le cri de la nature, la vraie moralité de la pièce, et il est aisé de prévoir quel empire aura sur lui le conseil du sage Cléante, qui l'engage à pécher plutôt encore de l'autre côté, c'est-à-dire à consentir plutôt à être dupe une seconde fois. »

2 Ellipse : ne voilà-t-il pas... Il C'est une sorte d'exclamation de surprise :
Hé bien! *ne voilà pas* mon *enragé de* maître! (MOL., *Etourdi*, V, VII.)

3 *Avecque*, ancienne forme d'*avec* employée aussi par Corneille, Racine et Boileau, mais aujourd'hui complètement abandonnée. Cependant M. Littré pense qu'on pourrait s'en servir encore en poésie.

Et soyez, pour cela, dans le milieu qu'il faut.
Gardez-vous, s'il se peut, d'honorer l'imposture :
Mais au vrai zèle aussi n'allez pas faire injure ;
Et, s'il vous faut tomber dans une extrémité,
Péchez plutôt encor de cet autre côté [1].

[1] Comme c'est probable qu'il va le faire et les spectateurs en prendre aussi la ferme résolution! — Ce conseil, adressé à un sot comme Orgon et dans les circonstances qu'on sait, arrive à un moment tellement bien choisi pour se faire accepter, qu'il en paraît ridicule. La fable de la Fontaine *l'Enfant et le Maître d'école* ne présente pas, à notre avis, un plus singulier tableau. Et encore si le magister Cléante, « ayant tout dit, mettait Orgon à bord », et « plutôt de cet autre côté »! — Comparez à ces déclamations de théâtre, qui ne semblent là que pour la forme et pour faire plus aisément passer le reste, le raisonnement de Bourdaloue sur le sujet qui exaspère Orgon : « Il y a toujours un Dieu qui doit être adoré en esprit et en vérité ; et quand tous les hommes lui refuseraient les justes hommages qui lui sont dus, ils ne lui seraient pas moins dus par chacun des hommes, et chacun des hommes ne serait pas moins criminel en les lui refusant. Il y a toujours une Loi qui doit être observée dans tous ses points ; et quand tous les hommes la violeraient, chacun des hommes ne serait pas moins obligé de l'accomplir, ni moins coupable en la transgressant. Dieu ne nous a pas dit : Vous m'honorerez à proportion que le reste des hommes m'honorera, et parce qu'il m'honorera ; mais : Vous m'honorerez parce que je mérite de l'être, parce que je suis le Seigneur, parce que je suis votre Dieu. En nous imposant sa Loi, il ne nous a pas dit : Vous ferez cela, et vous vous abstiendrez de ceci, selon que vous verrez les autres le faire ou s'en abstenir ; mais : Vous le ferez parce que je vous l'ordonne ; vous vous en abstiendrez parce que je vous le défends, et parce que j'ai pouvoir d'ordonner l'un et de défendre l'autre ; parce qu'il est juste que vous fassiez l'un et que vous vous absteniez de l'autre. Or, indépendamment de la conduite que tiennent et que peuvent tenir tous les hommes, Dieu est toujours Dieu, et par conséquent toujours maître, toujours digne de notre culte et de notre obéissance. La loi est toujours loi, l'Évangile toujours l'Évangile, le bien toujours bien, et le péché toujours péché. D'où il s'ensuit que vous devez toujours l'observer cette loi ; que vous devez toujours le suivre cet Évangile ; que vous devez toujours pratiquer ce bien, et toujours vous préserver de ce péché. — Voici donc ce que devrait se dire à lui-même le libertin, pour raisonner juste : Qu'ai-je affaire de prendre garde à ce que font tels et tels, et que m'importe de savoir si cette piété qu'ils professent est sincère ou affectée? Leur vie n'est pas ma règle. Si ce sont de faux dévots, leur fausse dévotion n'est pas à mon égard un titre pour être mauvais chrétien, pour m'abandonner à mes passions (etc.), chacun répondra pour soi : Laissons-les vivre comme ils le voudront ; mais nous, vivons comme nous le devons. — Du reste, il ne manque pas de ces hommes

SCÈNE II

ORGON, CLÉANTE, DAMIS

DAMIS

Quoi! mon père, est-il vrai qu'un coquin vous menace;
Qu'il n'est point de bienfait qu'en son âme il n'efface;
Et que son lâche orgueil, trop digne de courroux,
Se fait de vos bontés des armes contre vous?

ORGON

Oui, mon fils; et j'en sens des douleurs non pareilles.

DAMIS

Laissez-moi; je lui veux couper les deux oreilles.
Contre son insolence on ne doit point gauchir[1] :
C'est à moi tout d'un coup de vous en affranchir,
Et, pour sortir d'affaire, il faut que je l'assomme[2].

CLÉANTE

Voilà tout justement parler en vrai jeune homme.
Modérez, s'il vous plaît, ces transports éclatants.
Nous vivons sous un règne et sommes dans un temps
Où par la violence on fait mal ses affaires.

tels que la religion les demande, dont la vie exemplaire peut nous servir de modèle. Nous voyons des femmes, des vierges, dont la ferveur nous édifie, et dont la dévotion ardente, charitable, humble, désintéressée, a tous les caractères de la sainteté évangélique; il y en a dans tous les états, il y en a jusqu'à la cour; et si le libertin les méconnaît, ils ne feront pas moins devant Dieu sa condamnation parce qu'il *affecte* de les méconnaître, parce qu'il ferme volontairement les yeux pour ne pas apercevoir ces lumières dont l'éclat l'importune...» (BOURD., *Serm. cit.*)

[1] *Gauchir*, ne pas aller droit au but: « Il n'est pas question de *gauchir* toujours aux difficultés, il les faut vaincre. » (VAUGELAS.)

[2] « La brusque rentrée de Damis est un trait de caractère qui égaye la scène et amène naturellement l'éloge de Louis XIV! » (AIMÉ MARTIN.) — Avouons que la scène a joliment besoin d'être égayée depuis un certain temps. Quant à l'éloge de Louis XIV, si naturellement (?) amené, nous connaissons les pieuses raisons de Molière et des applaudisseurs du *Tartufe*. « Ces Messieurs » louent moins naturellement le grand roi pour sa révocation de l'Édit de Nantes. — Ici ces deux vers servent à préparer le dénouement.

SCÈNE III

Madame PERNELLE, ORGON, ELMIRE, CLÉANTE, MARIANE, DAMIS, DORINE

MADAME PERNELLE

Qu'est-ce? J'apprends ici de terribles mystères!

ORGON

Ce sont des nouveautés dont mes yeux sont témoins,
Et vous voyez le prix dont sont payés mes soins.
Je recueille avec zèle un homme en sa misère,
Je le loge et le tiens comme mon propre frère;
De bienfaits chaque jour il est par moi chargé;
Je lui donne ma fille et tout le bien que j'ai;
Et, dans le même temps, le perfide, l'infâme,
Tente le noir dessein de suborner ma femme!
Et, non content encor de ses lâches essais,
Il m'ose menacer de mes propres bienfaits,
Et veut, à ma ruine, user des avantages
Dont le viennent d'armer mes bontés trop peu sages,
Me chasser de mes biens, où je l'ai transféré [1],
Et me réduire au point d'où je l'ai retiré!

DORINE

Le pauvre homme [2]!

MADAME PERNELLE

              Mon fils, je ne puis du tout croire
Qu'il ait voulu commettre une action si noire.

ORGON

Comment!

MADAME PERNELLE

         Les gens de bien sont enviés toujours.

ORGON

Que voulez-vous donc dire avec votre discours,
Ma mère?

[1] *Transférer*, au figuré, céder, transporter une chose à quelqu'un, en observant les formalités requises: « Jésus-Christ a *transféré* le droit de sacrificateur à un autre ordre de prêtrise que celui d'Aaron. » (FLÉCHIER, *Serm., Messe.*) — C'est par analogie que Molière écrit ici: transférer dans des biens.

[2] Trait bien cruel à pareil moment.

MADAME PERNELLE

Que chez vous on vit d'étrange sorte,
Et qu'on [1] ne sait que trop la haine qu'on lui porte.

ORGON

Qu'a cette haine à faire avec ce qu'on vous dit?

MADAME PERNELLE

Je vous l'ai dit cent fois quand vous étiez petit :
La vertu dans le monde est toujours poursuivie;
Les envieux mourront, mais non jamais l'envie [2].

ORGON

Mais que fait ce discours aux choses d'aujourd'hui?

MADAME PERNELLE

On vous aura forgé cent sots contes de lui.

ORGON

Je vous ai dit déjà que j'ai tout vu moi-même.

MADAME PERNELLE

Des esprits médisants la malice est extrême.

ORGON

Vous me feriez damner, ma mère. Je vous di
Que j'ai vu, de mes yeux, un crime si hardi.

MADAME PERNELLE

Les langues ont toujours du venin à répandre;
Et rien n'est ici-bas qui s'en puisse défendre.

ORGON

C'est tenir un propos de sens bien dépourvu.
Je l'ai vu, dis-je, vu, de mes propres yeux vu,
Ce qu'on appelle vu. Faut-il vous le rebattre [3]
Aux oreilles cent fois et crier comme quatre?

MADAME PERNELLE

Mon Dieu! le plus souvent l'apparence déçoit;
Il ne faut pas toujours juger sur ce qu'on voit.
Pour accuser les gens, il faut de justes causes,
Et vous deviez attendre à vous voir sûr des choses [4].

[1] Ce mélange de *on* se rapportant à des personnes différentes est une négligence de style assez fréquente dans Molière :

Dès qu'on voit qu'on nous mêle avec tout l'univers.   (*Misant.*, I, I.)

[2] Molière met ici en vers un proverbe de son temps. On le trouve dans la comédie des *Proverbes* d'Adrien de Montluc (1616): *L'envie ne mourra jamais, mais les envieux mourront.*

[3] *Rebattre aux oreilles*. On dit plus ordinairement: *rebattre les oreilles*, c'est-à-dire, répéter inutilement et d'une manière ennuyeuse.

[4] Mme Pernelle joue avec Orgon précisément le même rôle qu'Orgon vient de jouer lui-même avec sa famille, ce qui est très piquant, et

ORGON

Hé, diantre! le moyen de m'en assurer mieux?...
Je devais donc, ma mère, attendre qu'à mes yeux...
Allez, je ne sais pas, si vous n'étiez ma mère,
Ce que je vous dirais, tant je suis en colère.

DORINE, à Orgon.

Juste retour, Monsieur, des choses d'ici-bas :
Vous ne vouliez point croire, et l'on ne vous croit pas.

CLÉANTE

Nous perdons des moments en bagatelles pures,
Qu'il faudrait employer à prendre des mesures.
Aux menaces [1] du fourbe on doit ne dormir point.

DAMIS

Quoi! son effronterie irait jusqu'à ce point?

ELMIRE

Pour moi, je ne crois pas cette instance [2] possible,
Et son ingratitude est ici trop visible.

CLÉANTE, à Orgon.

Ne vous y fiez pas; il aura des ressorts
Pour donner contre vous raison à ses efforts;
Et sur moins que cela le poids d'une cabale [3]
Embarrasse les gens dans un fâcheux dédale.
Je vous le dis encore, armé de ce qu'il a,
Vous ne deviez jamais le pousser jusque-là.

ORGON

Il est vrai; mais qu'y faire? A l'orgueil de ce traître
De mes ressentiments je n'ai pas été maître.

CLÉANTE

Je voudrais de bon cœur qu'on pût entre vous deux

---

produit une scène comique au milieu de la situation la plus triste de la pièce. — De plus ce caractère original est ici très bien soutenu; c'est la vieille femme engouée qui ne démord pas de son idée préconçue, et la soutient toujours, à la manière des gens de son âge, par des proverbes, des apophtegmes, des dictons du vieux temps, des exemples de sa jeunesse, et des citations de gens qu'elle a connus.

[1] *Aux menaces.* A devant un substantif, *en présence de.* On sait qu'au XVIIe siècle les acceptions de la préposition à étaient très variées et très étendues. On retrouvera bientôt cette tournure :

    A l'orgueil de ce traître
De mes ressentiments je n'ai pas été
    maître.

[2] *Instance,* poursuite, procès.

[3] *Ces ressorts* qui *donnent raison à des efforts,* et ce *poids d'une cabale,* sont des exemples de ces métaphores vicieuses que la Bruyère et Fénelon ont si justement reprochées à Molière.

De quelque ombre de paix raccommoder les nœuds[1].

ELMIRE

Si j'avais su qu'en main il eût de telles armes,
Je n'aurais pas donné matière à tant d'alarmes,
Et mes...

ORGON, à Dorine, voyant entrer M. Loyal.

Que veut cet homme? Allez tôt[2] le savoir.
Je suis bien en état que l'on vienne me voir[3]!

SCÈNE IV

ORGON, Madame PERNELLE, ELMIRE, MARIANE, CLÉANTE, DAMIS, DORINE, Monsieur LOYAL

MONSIEUR LOYAL, à Dorine, dans le fond du théâtre.

Bonjour, ma chère sœur : faites, je vous supplie,
Que je parle à Monsieur.

DORINE

Il est en compagnie;
Et je doute qu'il puisse à présent voir quelqu'un.

MONSIEUR LOYAL

Je ne suis pas pour être en ces lieux importun.
Mon abord n'aura rien, je crois, qui lui déplaise;
Et je viens pour un fait dont il sera bien aise.

DORINE

Votre nom?

[1] Voici encore une de « ces métaphores qui approchent du galimatias. » (FÉNEL.) — Qu'est-ce que *raccommoder* les *nœuds* de quelque *ombre* de paix?

[2] *Tôt.* « Voltaire d'abord, et des grammairiens après lui, ont dit que *tôt* au positif n'était plus que du bas style, et qu'il ne s'employait guère que dans la locution : *tôt ou tard.* Mais ce mot est si commode, si bien autorisé par l'exemple de bons écrivains, qu'il doit être employé sans scrupule dans le style le plus élevé. » (LITTRÉ.)

[3] Cette scène a l'avantage de rappeler à la mémoire, par de simples traits de caractère, les situations les plus fortes et les plus comiques de la pièce, en même temps qu'elle donne un aliment nouveau à la curiosité, et qu'elle rassemble tous les personnages autour d'Orgon, pour les grouper ensuite autour de Tartufe.

MONSIEUR LOYAL.
Dites-lui seulement que je vien !
De la part de monsieur Tartufe, pour son bien ?

DORINE, à Orgon.
C'est un homme qui vient, avec douce manière,
De la part de monsieur Tartufe, pour affaire,
Dont vous serez, dit-il, bien aise.

CLÉANTE, à Orgon.
Il vous faut voir
Ce que c'est que cet homme, et ce qu'il peut vouloir.

ORGON, à Cléante.
Pour nous raccommoder [3] il vient ici peut-être :
Quels sentiments aurai-je à lui faire paraître ?

CLÉANTE
Votre ressentiment ne doit point éclater;
Et, s'il parle d'accord, il le faut écouter.

MONSIEUR LOYAL, à Orgon.
Salut, Monsieur. Le Ciel perde qui vous veut nuire,
Et vous soit favorable autant que je désire !

ORGON, bas, à Cléante.
Ce doux début s'accorde avec mon jugement,
Et présage déjà quelque accommodement.

MONSIEUR LOYAL
Toute votre maison m'a toujours été chère,
Et j'étais serviteur de monsieur votre père.

ORGON
Monsieur, j'ai grande honte, et demande pardon
D'être sans vous connaître ou savoir votre nom.

---

[1] *Vien.* (V. ci-dessus, p. 61, n. 1.

[2] Ce ridicule personnage inspire naturellement aux commentateurs et aux spectateurs cette réflexion, que les Tartufes se trouvent dans toutes les classes de la société. C'est bien ce qu'a voulu Molière. Admettons-le donc, et ne faisons pas même exception pour la classe des tenants du *Tartufe*, bien que ceux-là ne connaissent pas toujours l'eau bénite et n'usent point de style « dévot »; la qualité n'en est pas pour cela inférieure. Mais, sans pouvoir dire comme le Chicaneau des *Plaideurs* : « Je connais force huissiers; » qui hésiterait à nier que jamais exploit ait été signalé comme celui de M. Loyal? Néanmoins les spectateurs édifiés en concluront aussitôt une fois de plus, non pas qu'un huissier pareil est invraisemblable, mais que le chrétien et le dévot, qui se trouvent, grâces à Dieu, dans toutes les classes de la société, sont des imposteurs.

[3] *Raccommoder*, remettre d'accord des personnes brouillées : « Tâchez de me *raccommoder* avec M. de Grignan. » (Sévigné.)

MONSIEUR LOYAL

Je m'appelle Loyal, natif de Normandie,
Et suis huissier à verge [1], en dépit de l'envie.
J'ai, depuis quarante ans, grâce au Ciel, le bonheur
D'en exercer la charge avec beaucoup d'honneur;
Et je vous viens, Monsieur, avec votre licence,
Signifier l'exploit [2] de certaine ordonnance...

ORGON

Quoi! vous êtes ici?...

MONSIEUR LOYAL

Monsieur, sans passion [3].
Ce n'est rien seulement qu'une sommation,
Un ordre de vider [4] d'ici, vous et les vôtres,
Mettre vos meubles hors, et faire place à d'autres,
Sans délai ni remise, ainsi que besoin est.

ORGON

Moi! sortir de céans!

MONSIEUR LOYAL

Oui, Monsieur, s'il vous plaît.
a maison, à présent, comme savez [5] de reste,
u bon monsieur Tartufe [6] appartient sans conteste.
e vos biens désormais il est maître et seigneur,
u vertu d'un contrat, duquel je suis porteur;
est en bonne forme, et l'on n'y peut rien dire.

DAMIS, à M. Loyal.
rtes, cette impudence est grande, et je l'admire.

MONSIEUR LOYAL, à Damis.
onsieur, je ne dois point avoir affaire à vous;

---

[1] *Huissier à verge*, se disait des
rs reçus au Châtelet et tenus
résider à Paris; ils portaient à
main une baguette ordinaire-
ent garnie d'ivoire pour toucher
ux contre lesquels ils faisaient
elque exploit de justice; de là
nom.

[2] *Exploit*, acte que l'huissier
et signifie pour assigner,
er, saisir:
t un petit *exploit* que j'ose vous
prier
m'accorder l'honneur de vous signifier.   (RAC., *Plaid.*, II, II.)

[3] *Passion*, au sens de *prévention*

pour ou contre: « L'intérêt et la
passion corrompent les hommes; la
loi est sans intérêt et sans *passion*.»
(Boss., *Polit.*, I, IV.)

[4] *Vider*, au sens neutre, *sortir*.
Molière a dit de même ailleurs:
Vidons, vidons sur l'heure.
          (*Étourd.*, IV, VIII.)

[5] *Comme savez*, et plus bas:
*s'opposer à justice, faire rébel-
lion*, etc., style de palais qui sied
mieux à M. Loyal que le langage
de la dévotion.

[6] Ce *bon monsieur Tartufe* est
un joli trait, surtout à cette
place.

Montrant Orgon.

C'est à Monsieur : il est et raisonnable et doux,
Et d'un homme de bien il sait trop bien l'office
Pour se vouloir du tout opposer à justice.

ORGON

Mais...

MONSIEUR LOYAL

Oui, Monsieur, je sais que pour un million
Vous ne voudriez pas faire rébellion,
Et que vous souffrirez, en honnête personne,
Que j'exécute ici les ordres qu'on me donne.

DAMIS

Vous pourriez bien ici, sur votre noir jupon [1],
Monsieur l'huissier à verge, attirer le bâton.

MONSIEUR LOYAL, à Orgon.

Faites que votre fils se taise ou se retire,
Monsieur. J'aurais regret d'être obligé d'écrire,
Et de vous voir couché [2] dans mon procès-verbal.

DORINE, à part.

Ce monsieur Loyal porte un air bien déloyal [3].

MONSIEUR LOYAL

Pour tous les gens de bien j'ai de grandes tendresses,
Et ne me suis voulu, Monsieur, charger des pièces
Que pour vous obliger et vous faire plaisir;
Que pour ôter par là le moyen d'en choisir
Qui, n'ayant pas pour vous le zèle qui me pousse,
Auraient pu procéder d'une façon moins douce [4].

---

[1] *Jupon*, se disait de la partie inférieure de l'habit, qui descendait comme une jupe.

[2] *Couché*, inscrit.

[3] Jeu de mots pareil à celui que vient de faire Damis. — Cf. Racine, *Plaid.*, II, II: L'Intimé, déguisé en huissier, présente à Chicaneau un exploit signé Le Bon :

Le Bon? jamais exploit ne fut signé Le Bon.
Monsieur Le Bon... Vous êtes un fripon.

[4] Cette *direction d'intention* vaut presque celle de Tartufe, qui retient l'héritage d'Orgon dans la crainte qu'un autre n'en mésuse. Cela rappelle une « direction d'intention » d'un autre genre, fort commune de nos jours, même dans la « classe » de ceux qui ne connaissent ni la vraie ni la fausse dévotion; elle se formule en ces termes: « Ote-toi de là que je m'y mette, la place sera mieux occupée: »

Pour n'être point dévot, on n'en est pas moins homme.

ORGON

Et que peut-on de pis que d'ordonner aux gens
De sortir de chez eux ?

MONSIEUR LOYAL

On vous donne du temps ;
Et jusques à demain je ferai surséance [1]
A l'exécution, Monsieur, de l'ordonnance ;
Je viendrai seulement passer ici la nuit,
Avec dix de mes gens, sans scandale et sans bruit.
Pour la forme, il faudra, s'il vous plaît, qu'on m'apporte,
Avant que [2] se coucher, les clefs de votre porte.
J'aurai soin de ne pas troubler votre repos,
Et de ne rien souffrir qui ne soit à propos.
Mais demain, du matin [3], il vous faut être habile [4]
A vider [5] de céans jusqu'au moindre ustensile ;
Mes gens vous aideront, et je les ai pris forts
Pour vous faire service à tout mettre dehors.
On n'en peut pas user mieux que je fais, je pense ;
Et, comme je vous traite avec grande indulgence,
Je vous conjure aussi, Monsieur, d'en user bien,
Et qu'au dû de ma charge on ne me trouble en rien.

ORGON, à part.

Du meilleur de mon cœur, je donnerais sur l'heure
Les cent plus beaux louis de ce qui me demeure,
Et pouvoir, à plaisir, sur ce mufle assener
Le plus grand coup de poing qui se puisse donner.

CLÉANTE, bas, à Orgon.

Laissez ; ne gâtons rien.

DAMIS

A cette audace étrange
J'ai peine à me tenir, et la main me démange.

DORINE

Avec un si bon dos, ma foi, monsieur Loyal,
Quelques coups de bâton ne vous siéraient pas mal.

MONSIEUR LOYAL

On pourrait bien punir ces paroles infâmes,

---

[1] *Faire surséance*, terme de palais, de *surseoir*, donner un délai.

[2] *Avant que.* V. ci-dessus, p. 99, n. 3.

[3] *Du matin*, de bonne heure :

« Je me suis éveillée *du matin*, et je vous écris. » (SÉVIGNÉ.)

[4] *Habile*, au sens propre, expéditif, dispos à agir.

[5] *Vider*, au sens étymologique, *rendre vide de*, mettre dehors.

Ma mie; et l'on décrète aussi contre les femmes.

CLÉANTE, à M. Loyal.

Finissons tout cela, Monsieur; c'en est assez.
Donnez tôt ce papier, de grâce, et nous laissez [1].

MONSIEUR LOYAL

Jusqu'au revoir. Le Ciel vous tienne tous en joie!

ORGON

Puisse-t-il te confondre, et celui qui t'envoie!

SCÈNE V

ORGON, Madame PERNELLE, ELMIRE, CLEANTE,
MARIANE, DAMIS, DORINE

ORGON

Eh bien, vous le voyez, ma mère, si j'ai droit [2],
Et vous pouvez juger du reste par l'exploit.
Ses trahisons enfin vous sont-elles connues?

MADAME PERNELLE

Je suis tout ébaubie [3], et je tombe des nues.

DORINE, à Orgon.

Vous vous plaignez à tort, à tort vous le blâmez,
Et ses pieux desseins par là sont confirmés.
Dans l'amour du prochain sa vertu se consomme [4],
Il sait que très souvent les biens corrompent l'homme,
Et, par charité pure, il veut vous enlever
Tout ce qui vous peut faire obstacle à vous sauver [5].

---

[1] *Nous laissez.* Voir ci-dessus, p. 127, n. 1. — *Tôt*, vite. Voir p. 143, n. 1.

[2] *Si j'ai droit*, si j'ai raison. On remarquera facilement que le style de ce cinquième acte a d'assez nombreuses négligences.

[3] *Ébaubie*, interdite au point de bégayer; c'est un mot de l'ancienne langue (de *es*, préfixe, et de *balbus*, bègue) : « S'il savait ce meschief, moult seroit esbaubis. » (*Berte*, chanson de geste du XIII⁰ siècle.)

[4] *Se consomme*, se rend parfaite.

[5] Quoi qu'en disent les commentateurs, qui veulent justifier par le caractère du personnage cette ironie de Dorine, si inconvenante et si déplacée, elle nous semble d'une invraisemblance complète. Molière veut faire rire à tout prix dans une situation si peu risible pour les acteurs en scène, mais c'est en outrant les caractères et en chargeant le tableau.

ORGON

Taisez-vous. C'est le mot qu'il vous faut toujours dire.

CLÉANTE, à Orgon.

Allons voir quel conseil on doit vous faire élire.

ELMIRE

Allez faire éclater l'audace de l'ingrat.
Ce procédé détruit la vertu¹ du contrat;
Et sa déloyauté va paraître trop noire
Pour souffrir qu'il en ait le succès qu'on veut croire.

SCÈNE VI

VALÈRE, ORGON, Madame PERNELLE, ELMIRE, CLÉANTE, MARIANE, DAMIS, DORINE

VALÈRE

Avec regret, Monsieur, je viens vous affliger;
Mais je m'y vois contraint par le pressant danger.
Un ami, qui m'est joint d'une amitié fort tendre,
Et qui sait l'intérêt qu'en vous j'ai lieu de prendre,
A violé² pour moi, par un pas délicat,
Le secret que l'on doit aux affaires d'État,
Et me vient d'envoyer un avis, dont la suite
Vous réduit au parti d'une soudaine fuite.
Le fourbe qui longtemps a pu vous imposer,
Depuis une heure au prince a su vous accuser,
Et remettre en ses mains, dans les traits qu'il vous jette,
D'un criminel d'État l'importante cassette,
Dont, au mépris, dit-il, du devoir d'un sujet,
Vous avez conservé le coupable secret.
J'ignore le détail du crime qu'on vous donne³;

---

¹ *Vertu,* force, valeur, efficacité.

² *Violer* par un *pas* un *secret,* est encore une singulière métaphore. Et plus bas, qu'est-ce que *remettre dans des traits qu'on jette* une cassette...?

³ *Donner un crime* pour dire en accuser, et aussitôt après, donner un ordre; double négligence de style.

Mais un ordre est donné contre votre personne;
Et lui-même est chargé, pour mieux l'exécuter,
D'accompagner celui qui vous doit arrêter [1].

CLÉANTE

Voilà ses droits armés; et c'est par où [2] le traître,
De vos biens qu'il prétend [3] cherche à se rendre maître

ORGON

L'homme est, je vous l'avoue, un méchant animal!

VALÈRE

Le moindre amusement vous peut être fatal.
J'ai, pour vous emmener, mon carrosse à la porte,
Avec mille louis qu'ici je vous apporte.
Ne perdons point de temps : le trait est foudroyant;
Et ce sont de ces coups que l'on pare en fuyant [4].
A vous mettre en lieu sûr je m'offre pour conduite [5],
Et veux accompagner jusqu'au bout votre fuite.

ORGON

Las! que ne dois-je point à vos soins obligeants!
Pour vous en rendre grâce il faut un autre temps;
Et je demande au Ciel de m'être assez propice
Pour reconnaître un jour ce généreux service.
Adieu; prenez le soin, vous autres...

CLÉANTE

Allez tôt;
Nous songerons, mon frère, à faire ce qu'il faut.

---

[1] Le discours et l'action de Valère rappelaient aux contemporains
un trait du même genre rapporté
par M*** de Motteville dans ses Mé-
moires. Le maréchal de la Feuil-
lade avait essayé, par un avertisse-
ment semblable, de sauver le surin-
tendant Fouquet, et le roi, dans
sa magnanimité, feignit toujours
d'ignorer cette trahison.

[2] Par où. Voir ci-dessus, p. 71,
n. 1.

[3] Prétendre, au xviie siècle, s'employait très bien avec un complément direct: « Florien prétendit

l'empire par droit de succession.
(BOSSUET, Hist., I, x.)

Comme le plus vaillant, je prétends le
troisième (part).
(LA FONT., Fabl. I, VI.)

[4] Cf. Corneille, Horace, II, VII:

Et ce n'est qu'en fuyant qu'on pare de
tels coups.

[5] Conduite. On dispute pour savoir si ce mot veut dire ici: celui
qui conduit, ou s'il faut entendre :
je m'offre pour votre conduite. Quoi
qu'il en soit, l'expression n'est ni
claire ni correcte.

SCÈNE VII

TARTUFE, UN EXEMPT, Madame PERNELLE, ORGON, ELMIRE, CLÉANTE, MARIANE, VALÈRE, DAMIS, DORINE.

TARTUFE, arrêtant Orgon 1.

Tout beau, Monsieur, tout beau, ne courez point si vite;
Vous n'irez pas fort loin pour trouver votre gîte,
Et de la part du prince on vous fait prisonnier.

ORGON

Traître, tu me gardais ce trait pour le dernier.
C'est le coup, scélérat, par où tu m'expédies 2
Et voilà couronner toutes tes perfidies !

TARTUFE

Vos injures n'ont rien à 3 me pouvoir aigrir,
Et je suis, pour le Ciel 4, appris à tout souffrir.

CLÉANTE

La modération est grande, je l'avoue.

DAMIS

Comme du Ciel l'infâme impudemment se joue!

TARTUFE

Tous vos emportements ne sauraient m'émouvoir;
Et je ne songe à rien qu'à faire mon devoir.

---

1 Cette rentrée en scène de Tartufe excite un grand intérêt; on sent que le dénouement ne peut plus tarder; mais qui peut songer à l'épée de l'Exempt qui va trancher ce nœud gordien?

2 Expédier, ruiner, et par extension, faire mourir. Cf. la Fontaine :

Le portier du logis était un chien énorme.

Expédiant les loups en forme.
(Fabl., IX, x.)

3 Rien à..., — à, dans le sens de pour, est très fréquent et d'un emploi très étendu au xviie siècle :

Mais Dieu, dont il se faut jamais se dédier,
Me donne votre exemple à me fortifier.
(Corn., Poly., II, VI.)

4 Inversion forcée, mais pensée plus forcée encore.

MARIANE

Vous avez de ceci grande gloire à prétendre ;
Et cet emploi, pour vous, est fort honnête à prendre.

TARTUFE

Un emploi ne saurait être que glorieux
Quand il part du pouvoir qui m'envoie en ces lieux.

ORGON

Mais t'es-tu souvenu que ma main charitable,
Ingrat, t'a retiré d'un état misérable ?

TARTUFE

Oui, je sais quel secours j'en ai pu recevoir ;
Mais l'intérêt du prince est mon premier devoir.
De ce devoir sacré la juste violence
Étouffe dans mon cœur toute reconnaissance ;
Et je sacrifirais à de si puissants nœuds
Amis, femme, parents, et moi-même avec eux.

ELMIRE

L'imposteur !

DORINE

     Comme il sait, de traîtresse manière
Se faire un beau manteau de tout ce qu'on révère[1] !

CLÉANTE

Mais, s'il est si parfait que vous le déclarez,
Ce zèle qui vous pousse et dont vous vous parez,
D'où vient que pour paraître il s'avise d'attendre
Qu'à poursuivre sa femme il[2] ait su vous surprendre,
Et que vous ne songiez à l'aller dénoncer
Que lorsque son honneur l'oblige à vous chasser ?
Je ne vous parle point, pour devoir en distraire[3],
Du don de tout son bien qu'il venait de vous faire ;
Mais, le voulant traiter en coupable aujourd'hui,
Pourquoi consentiez-vous à rien[4] prendre de lui ?

TARTUFE, à l'exempt [5].

Délivrez-moi, Monsieur, de la criaillerie ;
Et daignez accomplir votre ordre, je vous prie.

---

[1] Comme Molière lui-même, prétendant réformer la dévotion et faire du « vrai zèle » avec son Tartufe.

[2] Il s'avise..., il ait su..., négligence de style. Le premier pronom se rapporte à zèle, le second à Orgon.

[3] Devoir en distraire. Expression inintelligible qui signifie peut-être : « Je ne vous dis pas que le don de tout son bien devait vous distraire (vous détourner) de cette dénonciation.

[4] Rien. Voir ci-dessus, p. 43, n. 2.

[5] Exempt, officier de police atta-

L'EXEMPT

Oui, c'est trop demeurer sans doute à l'accomplir :
Votre bouche à propos m'invite à le remplir ;
Et, pour l'exécuter, suivez-moi tout à l'heure
Dans la prison qu'on doit vous donner pour demeure[1].

TARTUFE

Qui? moi, Monsieur?

L'EXEMPT

Oui, vous.

TARTUFE

Pourquoi donc la prison?

L'EXEMPT

Ce n'est pas vous à qui j'en veux rendre raison.

A Orgon.

Remettez-vous, Monsieur, d'une alarme si chaude.
Nous vivons sous un prince ennemi de la fraude,
Un prince dont les yeux se font jour dans les cœurs
Et que ne peut tromper tout l'art des imposteurs.
D'un fin discernement sa grande âme pourvue
Sur les choses toujours jette une droite vue[2];

ché à la maréchaussée, et chargé de faire les arrestations. Ce nom d'exempt se disait primitivement des sous-officiers de cavalerie qui commandaient en l'absence du capitaine et des lieutenants, et qui étaient *exemptés* du service de cavalerie ordinaire; et comme ces *exempts* de la cavalerie commandaient les escouades de la maréchaussée, leur nom s'étendit aux agents placés sous leurs ordres.

[1] Ce coup de théâtre fait pendant à celui du quatrième acte:
C'est à vous de sortir, vous, qui parlez en maître.
Autant l'un produit de terreur, autant l'autre procure de soulagement.

[2] Dans un placet au roi en faveur de son *Tartufe*, alors interdit, Molière poussait l'admiration de cette « droite vue » jusqu'à dire: « Les rois éclairés comme vous

n'ont pas besoin qu'on leur marque ce qu'on souhaite; ils voient, comme *Dieu*, ce qu'il nous faut, et savent mieux que nous ce qu'ils doivent accorder... » (Ier placet.) — Dans le second placet, Louis XIV est la *source de la puissance et de l'autorité, le juste dispensateur des ordres absolus, le souverain juge et le* MAÎTRE DE TOUTES CHOSES. — Les commentateurs ne manquent point de faire chorus à ces paroles de l'Exempt et à cet éloge « si naturellement amené »; tout cela par la simple raison que cette « droite vue » s'est montrée alors en autorisant le *Tartufe*. Or, quand il s'agit de cette œuvre du « vrai zèle » de Molière, on y sacrifierait
Amis, femme, parents et soi-même avec eux.
La Révolution, qui faisait aussi représenter le *Tartufe*, bien qu'elle eût pourtant d'autres procédés pour

Chez elle jamais rien ne surprend trop d'accès,
Et sa ferme raison ne tombe en nul excès.
Il donne aux gens de bien une gloire immortelle ;
Mais sans aveuglement il fait briller ce zèle,
Et l'amour pour les vrais [1] ne ferme point son cœur
A tout ce que les faux doivent donner d'horreur.
Celui-ci n'était pas pour le pouvoir surprendre,
Et de pièges plus fins on le voit se défendre.
D'abord il a percé, par ses vives clartés,
Des replis de son cœur toutes les lâchetés.
Venant vous accuser, il s'est trahi lui-même,
Et, par un juste trait de l'équité suprême,
S'est découvert au prince un fourbe renommé,
Dont, sous un autre nom, il était informé ;
Et c'est un long détail d'actions toutes noires,
Dont on pourrait former des volumes d'histoires.
Ce monarque, en un mot, a vers [2] vous détesté
Sa lâche ingratitude et sa déloyauté ;
A ses autres horreurs il a joint cette suite [3],
Et ne m'a jusqu'ici soumis à sa conduite,
Que pour voir l'impudence aller jusques au bout,
Et vous faire par lui faire [4] raison de tout.
Oui, de tous vos papiers, dont il se dit le maître,
Il veut qu'entre vos mains je dépouille le traître.
D'un souverain pouvoir, il brise les liens
Du contrat qui lui fait un don de tous vos biens,
Et vous pardonne enfin cette offense secrète
Où vous a d'un ami fait tomber la retraite ;
Et c'est le prix qu'il donne au zèle qu'autrefois
On vous vit témoigner en appuyant ses droits,
Pour montrer que son cœur sait, quand moins on y pense
D'une bonne action verser la récompense ;

---

réformer la dévotion, avait remplacé cet éloge d'un « tyran » par des vers composés par Cailhava, auteur d'*Études* sur Molière.

[1] *Les vrais* gens de bien.

[2] *Vers vous. Vers* pour *envers* est une expression fréquente au XVIIe siècle.

Et m'acquitter *vers* vous de mes respects profonds.
     (RAC., *Bajaz.*, III, II.)

[3] *Suite.* Construction obscure : « Il a voulu qu'à ses autres horreurs Tartufe ajoutât cette nouvelle horreur, et il ne m'a soumis à sa conduite jusqu'ici que pour... »

[4] *Vous faire* par lui *faire...* Tous ces vers sont d'un style bien négligé.

Que jamais le mérite avec lui ne perd rien,
Et que mieux que du mal il se souvient du bien[1].

DORINE

Que le Ciel soit loué!

MADAME PERNELLE

Maintenant je respire!

---

[1] Voilà donc ce fameux dénouement où il a fallu, selon l'expression d'un admirateur, « qu'un Dieu mette la main ». Naturellement cette intervention est toute justifiée pour ceux qui ne veulent qu'applaudir et louer dans le *Tartufe*. « Il n'y a pas d'autre dénouement possible, disent-ils; la donation est régulière; par suite Orgon ne peut être sauvé et Tartufe puni que par un coup de la puissance suprême; seule une lettre de cachet peut ici faire justice du scélérat. » — Il faudrait savoir d'abord si Louis XIV, avec tout son pouvoir, pourrait d'autorité anéantir un contrat. Mais on répond que Molière devait absolument donner satisfaction au spectateur et à la justice, et qu'à raison d'une intention si bien dirigée cette fois, on peut bien lui permettre cette invraisemblance. Puis, qu'il n'y ait pas d'autre dénouement possible, c'est trop facile à dire, et nous sommes persuadé que, s'il n'eût voulu longuement encenser Louis XIV pour son « vrai zèle » vis-à-vis du *Tartufe*, Molière aurait bien su trouver une autre solution, moins flatteuse sans doute pour le roi, mais aussi plus naturelle et plus vraisemblable. Et nous ne parlons pas de la correction du vice, du repentir du coupable, ou tout au moins de ce remords vengeur qui le force à confesser son crime et à reconnaître la justice du châtiment; Molière manquait trop de sens chrétien pour y songer. Mais aussi, avec cette risible Providence de comédie sortant à point nommé comme d'une trappe, et qui ne paraîtrait pas si Tartufe, — qu'on dit pourtant si rusé, — avait l'habileté de son rôle, ou si par aventure on ne vivait point « sous un prince ennemi de la fraude », quelle leçon morale découle-t-il pour le Tartufe de la salle, de ce dénouement forcé? Le Tartufe de la scène reste Tartufe; Orgon sera toujours sot: tout demeure donc comme il est, sinon que Valère épouse Mariane. Quant au spectateur en question, que le poète voulait « réformer », que peut-il apprendre autre chose sinon à réformer sa maladresse, si toutefois il est aussi maladroit que son modèle, — ce qui n'est guère possible, — et à se garer de l'homme de police que tout coquin un peu madré évite si facilement. La belle morale!

L'avare des premiers rit du portrait fidèle
D'un avare souvent tracé sur son modèle;
Et mille fois un fat finement exprimé,
Méconnaît le portrait sur lui-même formé.

Quant au reste des spectateurs, s'ils ne conçoivent pas, à la fin de la représentation, les sentiments qu'Orgon exprimait tout à l'heure contre les « gens de bien », et s'ils ne s'en retournent pas chacun persuadé que tous les dévots sont des Tartufes, ils seront bien aimables,

ELMIRE

Favorable succès!

MARIANE

Qui l'aurait osé dire?

ORGON, à Tartufe, que l'exempt emmène.

Eh bien, te voilà, traître!...

SCÈNE VIII

MADAME PERNELLE, ORGON, ELMIRE, MARIANE,
CLÉANTE, VALÈRE, DAMIS, DORINE

CLÉANTE

Ah! mon frère, arrêtez,
Et ne descendez point à des indignités.
A son mauvais destin laissez un misérable,
Et ne vous joignez point au remords qui l'accable.
Souhaitez bien plutôt que son cœur, en ce jour,
Au sein de la vertu fasse un heureux retour;
Qu'il corrige sa vie en détestant son vice,
Et puisse du grand prince adoucir la justice,
Tandis qu'à sa bonté vous irez, à genoux,
Rendre ce que demande un traitement si doux.

ORGON

Oui, c'est bien dit. Allons à ses pieds avec joie
Nous louer des bontés que son cœur nous déploie;
Puis, acquittés un peu de ce premier devoir,
Aux justes soins d'un autre il nous faudra pourvoir,
Et par un doux hymen couronner en Valère
La flamme d'un amant généreux et sincère.

FIN DE TARTUFE

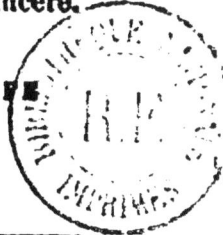

15454. — Tours, impr. Mame.

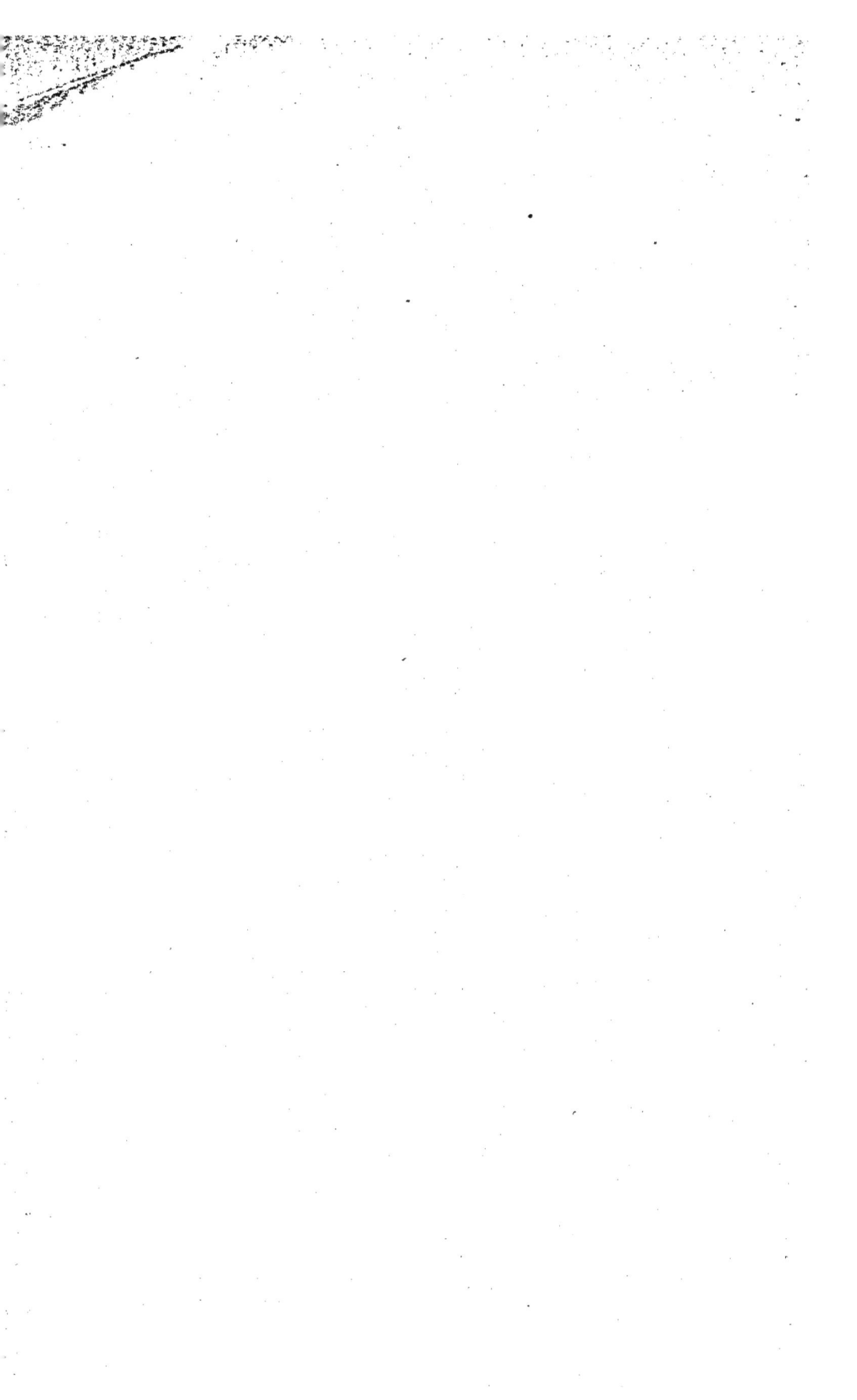

www.ingramcontent.com/pod-product-compliance
Lightning Source LLC
Chambersburg PA
CBHW052356090426

42739CB00011B/2383